U0935272

将离婚当成一种生命的经验，而不要视为一种人生的失败。虽然这种经验是痛苦的，但往往在锥心的痛苦之中，我们对自己才会有深刻的彻悟。

重建

REBUILDING

〔美〕布鲁斯·费雪　罗伯·艾伯提 著

Bruce Fisher　Robert E. Alberti

张美惠 译

中国青年出版社

对很多人而言，离婚是个破碎的经验，必须把所有的碎片捡拾起来才能继续走下去。

离婚固然带来创痛，也可能让你获得极大的成长。

你可能离开了两个人的破碎，却重建了一个人的完整。

一次婚姻的结束，不代表人生的结束，只是另一个起点的开始。

目　录

推荐序 手术后的复建

维琴尼亚·萨提尔

离婚就好比一种会影响个人生活每个层面的手术。我常说离婚的根源就在结婚时的条件与希望。有太多太多的人结婚时以为人生会变得更好。事实上，一个人如果没有这种念头而进入婚姻，根本就是个傻瓜。不同的人在离婚时失望的程度也不同，端视他还希望从生命中成就些什么，或是他觉得一定要找到一个伴侣，人生才有价值。

对很多人而言，离婚是个破碎的经验，必须把所有的碎片捡拾起来才能继续走下去。这个阶段常会有很深的绝望、失望、报复、无望与无助的感觉。他们需要找到全新的人生方向，也需要时间来悼念失去的希望，明白任何希望都不会自己实现。

很多关于离婚的书都只探讨问题。当然，自我会受到伤害，自我价值感会降低，心里不断自问问题出在哪里，对未来有许多恐惧。费雪博士提供一个非常务实的架构，帮助读者检视离婚后的心路历程，确立自己的位置，找出未来的方向。他提供按部就班的指引，帮助你好好度过离婚后的生活。他认为在这个时间里你可以从过去的经验学习，更深入了解自己，发展出过去你所不知道的自我。这个过程可以比喻为手术后的复建。

离婚期间及之后的情感过程很类似濒死经验，刚开始会经历否定阶段，想要从整个情况抽离出来；然后是愤怒，怪罪对方让自己陷入困境；第三个阶段是讨价还价，想要争取公平的待遇，通常表现在孩子的监护权及财产分配的问题上；接着是沮丧期，陷入自厌、自责与失败感。经历这一切后，最后终于能够接受现实，接受自我，从接受中诞生希望。我相信费雪的这本书可以帮助读者一步步走过每一个阶段。很重要的是你必须给自己重建的时间，唤醒自我被瘫痪、压抑、隐藏的部分。让每一部分的自我——在这里指的是离婚的部分——在进入下一个人生阶段时怀着希望而不是失败！

编注：萨提尔（1916~1988）在婚姻与家族治疗领域里是最受欢迎与尊敬的作者之一，被视为家族系统理论的创始人。她的著作甚丰，其中《家庭如何塑造人》（People-making）为畅销名著，对建立家族治疗的架构影响深远，为目前的家族治疗专业奠立重要的基础。萨提尔女士为本书初版写下这篇序文。

三版序 走出离婚阴影

罗伯·艾伯提

认识布鲁斯·费雪近20年，这是一个不断成长的经验。对我而言，他不仅是一位心理治疗专业的同僚、极富创意的多产作家，更是一个好朋友……

我在1980年协助他将10周的离婚课程内容整理成《重建》一书，在当时是一个很大的挑战。现在我如他所望，与他合著本书第三版，深感荣幸。

近30年来我作为心理学家、婚姻与家族治疗师，及通俗与专业心理学书籍的编作者，我知道有成千上百的心理专家对许多当事人与读者发挥着很大的影响力，但没有一位比布鲁斯·费雪更具影响力、更务实。我们两人常为了孰是孰非进行“拔河”，他是那么充满创意与活力，很愿意尝试新的经验，而我则是受过严谨科学训练、一板一眼探究“这样的书能不能卖”的实际问题。然而最后的结果总是按照他所想要的——75万册的销售成绩证明这也是读者想要的。许许多多的读者——超过我出版过的百本书籍的读者——提出一个问题：“他怎么会完完全全知道我的感觉?”

也许你想略过这篇感性的评论，直接品味本书的精华，请再听我一句劝告：读这本书时要非常用心。像这种口耳相传的书能够成功只有一个原因——确实有效果！《重建》是亚马逊网站畅销书，比20年前初版时卖得更好。无数离婚男女买下这本书，照表操课走出离婚阴影，有的甚至看过许多次，因为朋友告诉他："你要离婚吗？你一定要看《重建》!"

重建需要一段时间。当然，你可以在几个小时内就看完本书，但离婚的恢复过程完全是另一回事。请善用本书，至少一年左右，因为你可能需要这么长的时间。有时候你可能进三步退两步，如果你能以这本书为基础，参与离婚复原课程，你的进步会更快。但不论如何，请给自己一点时间慢慢完成布鲁斯所谓的"离婚过程"。根据他的研究，有些人甚至会花费两年以上的时间。我知道这可能不是读者希望听到的，特别是在讲求"快餐"与"鸡汤式"疗法的时代。但在真实的世界里，你不太可能在几个星期，甚至几个月里从已婚者变成离婚者再变成充实又独立的人。

1998年春，癌症从我们身边夺走布鲁斯。之前的几个月，他常和我讨论这本书的未来，谈他希望做的改变与更新。他依旧执著于19步骤的"重建方块"模式，希望任何改变都要有充分的证据做支撑。对他而言，证据来自二十几年来参与他的离婚课程的无数男女，以及他所训练出来教授这个课程的那些人。我很努力将第三版维持布鲁斯希望的样貌，事实上与第二版相较，只做了些微的修正，而且我可以保证都是以离婚后重建生活的真实故事作为修正的依据。

请准备好开始这一趟旅程，鼓起你的力量、乐观与对未来的希望，抛开旧包袱，穿上一双坚固的鞋子。科罗拉多的落基山脉是布鲁斯生命中很重要的一部分，而加州的内华达山对我有特别的意义。等待你的则是这座重建之山。让我们一起举步向前吧。

攀登重建之山

你可能正陷入离婚的痛苦中。

我们要介绍你一种已经证明确实具有成效的19项步骤调适法。

本章先简介构成这些步骤的重建方块。

重建方块

你正在“痛苦”中吗？没错，如果你刚结束一段婚姻的话。那些看起来不痛苦的人，若不是已经走过来，就是还没有开始经历那排山倒海的苦痛。因此不要迟疑，尽管承认，这是自然、健康、预期中的，有人甚至觉得很好。“痛苦”是为了让我们知道内在的某些地方需要治疗。

那么就开始治疗吧。

我们能帮上忙吗？我们相信可以的。布鲁斯主持离婚课程超过25年，有很多心得可以和读者分享。学员在10周的课程里成长的幅度很显著。此外，我们也可以和诸位分享这本书初版的一些观念与读者的回馈，帮助你一起走过伤痛。

离婚后会有一个调适的过程——有开头有结束，一路上有特定的学习步骤。你依然会感受到痛苦，但你会更急切想要学习如何治疗自己。你也许像多数人般多年来养成某些负面的行为模式——有些甚至可以追溯到童年时期。改变是项艰苦的工作。往昔因为在婚姻里，你觉得舒适安稳，似乎没有改变的必要。但现在有了痛苦，你该怎么办？你可以利用痛苦来激励自己学习与成长。这不容易，但你可以做到。

我们将调适的步骤排列成由许多“重建方块”组成的金字塔，象征一座山，重建就是攀登这座山的过程，对多数人而言，这是一段艰难的旅程。有些人可能没有精力与耐力爬到山顶，遂半途而废；有些人还没有真正从痛苦中学习，就陷入另一段重要的感情关系，同样中途下山，错过了一路上的人生风景；有些人躲到自己的小世界，看着别人往上爬——这群人同样到不了山顶。遗憾的是，还有少数人选择自我毁灭，从最近的山崖纵身跃下。

让我们向你保证：这趟登山之旅绝对值得，山顶上的壮丽景观让一路艰辛都有了代价。

要花多少时间才能登顶？根据“费雪离婚调适量表”的研究，通常大约要一年的时间才能超过林线（越过真正痛苦、否定的阶段），登顶则要更久一些。有些人可以快一点儿，有的慢一点儿，有一部分人可能需要3~5年。但千万别因此而气馁，最重要的是要完成旅程，而不是时间长短。请记住：你要以自己的步伐去走，当有人在路程中超越你时，不要动摇。就像人生一样，攀爬与成长的过程是你最丰富的收获！

你的经历我们很了解，因为我们在离婚课程里倾听过许多人的心声，阅读过千百封读者的来信。人们有时会问：“你偷听了我和前夫上星期的谈话了吗？否则怎么会知道他说了什么？”虽然每个人都是独立的个体，有自己独特的经验，但在婚姻结束时还是会表现出一些共同的行为模式。当我们讨论这些模式时，你会发现和你的经历很相似。

这些模式不只适用于离婚，也适用于生命中任何终结的危机。参与布鲁斯课程的法兰克表示这和他离开天主教会牧师一职的过程很相似，南西则觉得和她被辞退工作的经验雷同，贝蒂感觉与丧夫之痛很相似。也许我们能学到最重要的能力之一就是“危机调适”，我们的生命中可能会出现更多危机，而学习缩减痛苦的时间就是最宝贵的经验。

这一章将简短介绍这趟登山行程，后面各章是真正启程进入各段路程的学习。我们建议你现在就开始记录，如此将使这段旅程变得更有意义。旅程结束时，你可以重读这份游记，对自己这一路的改变与成长会有更清楚的了解。

我们采用19种感觉与态度构成的重建方块图，堆垒成象征山峰的金字塔。调适过程确实可能和登山一样困难，站在山脚下的你可能就已觉得仰之弥高，要从哪里开始？怎么攀爬？我是不是需要一个向导和一张地图？事实上这正是重建方块的功能——一份过来人所提供的指引与地图。攀爬的过程中，你发现离婚固然带来创痛，也可能让你获得极大的成长。

本书第一版发行于1981年，当时布鲁斯只列出15个重建方块。其后他接触过数以千计的离婚者，又增添了4个方块，原来的15个也做了一些修正。他很感谢那些透过书本或课程与他有过生命接触的人，他从这些人身上受益良多，也愿意将他们的经验与你分享。

这本书会介绍特定的方法以跨越每个重建方块，以免重建不成，反而成了绊脚石。（你可能已经绊过好几跤了！）多数人可以立刻知道自己需要跨越哪几个方块，但也有些人不知道，因为他们一直将自己的感觉隐藏得很好，于是要等爬到更高处，才发现先前忽略了某些重建的步骤。例如卡西是离婚课的义工，某天上课时突然说：“原来我一直困在被拒与愧疚的方块而不自知！”发现问题所在后，那一周她有了很大的进步。

下面就开始行前简介，我们由下而上简单说明每个重建方块。首先是“否定”与“恐惧”，这是调适过程中最早出现的两块绊脚石。这两种感觉可能强烈到让你抗拒跨出第一步。

否定：我不相信这件事发生在我身上

人类有一个奇妙的机制：只会感受到我们能承受的痛苦，超乎承受范围的痛楚，会被丢进“否定”的袋子里背在身上，等到我们变得够坚强了再拿出来体验与学习。

问题是有些人否定得太彻底，根本不愿意尝试复原——举步开始向上爬。原因很多，有些人无法认清自己的感觉，便无法适应任何改变。这种人必须了解“凡是能感觉的就能治疗”。而有些人则是自我概念太低，不相信自己有能力上山。还有一些人是恐惧到不敢举步。

你呢？你的否定心态背后是什么感觉？诺娜想来参加10周的课程，但一直很犹豫，后来她终于说出犹豫的理由：“如果我来上离婚课，就表示我的婚姻已经结束了，我还不能接受这个事实。”

恐惧：我有太多恐惧

你曾经在冬天遭遇过暴风雪吗？狂风呼呼地吹，大雪遮天蔽日，能见度只有前面几英尺远。这时候如果没有遮蔽，可能会感觉生命受威胁——事实上确有丧命的可能。这种经验很恐怖。

刚离婚的感觉就像在暴风雪中，你要躲在哪里？如何找到出路？你不想上山，因为仅仅站在山脚下便令你胆怯。你相信往上的路只会更崎岖难行、充满威胁，怎么可能找得到路？你只想躲起来，找个温暖的怀抱蜷缩起来，避开这可怕的风暴。

玛丽电话报名很多次，但每次开课却不见身影。原来她一直躲在空荡的公寓里，只在需要食物时才出门到附近商店。她想躲避风暴，躲避自己的恐惧。恐惧淹没了她，想到要来上课便寸步难行。

你如何面对自己的恐惧？当你发现恐惧几乎让自己陷入瘫痪时，怎么办？你能鼓起勇气踏出第一步吗？要知道你每克服一种恐惧，便多一分力量与勇气继续人生的旅程。

调适：我小时候就是这样调适的

每个人都有很多健康的部分：好奇、创意、会照顾别人、自我价值感、适当的愤怒。在成长的过程里，这些健康的部分未必能得到家庭、学校、团体或其他影响力量（如电影、书籍、杂志）的鼓励，结果往往造成压力、创伤、缺乏爱及其他有碍健康的阻力。

一个人对关怀、注意与爱的需求若得不到满足，便会想办法调适——但并不是每一种调适方法都健康。例如你可能变得责任感过高，过度要求完美，总是想取悦别人，或总是迫切想要助人。不健康的调适方法若过度发展便会失衡，然后你可能冀望在某个人际关系里恢复平衡。

举例来说，如果我是个责任感过高的人，可能会找一个责任感很低的伴侣结婚。如果她的责任感不够低，我会把她“训练”得没有责任感！这会导致“两极化”发展：我会愈来愈过度负责，她会愈来愈不负责。这种两极化的现象是婚姻的致命伤，也是一种特殊的互赖典型。

吉儿说得很明白：“我有4个孩子，我丈夫是最年长的一个！”她厌恨承担所有的责任，例如家庭经济。然而她不能一味责怪丈夫无法收支平衡，而该了解婚姻关系是一个系统，只要她一直扮演过度负责的角色，丈夫就会一直不负责任。

童年时所学的调适方法未必有助于成年后建立健康的关系。这是否能帮助你了解为什么要爬山？

下面几个方块代表的是“离婚的谷底”——寂寞、失去友情、愧疚与被拒、悲伤、愤怒、放开。这是一段相当痛苦而艰难的时期，你必须经过一番努力才能再快乐起来。

寂寞：我从来没有这么寂寞过

当婚姻结束时，你可能会感觉到前所未有的寂寞。很多日常生活习惯都改变了，以前你和配偶或许也曾分开，但两人毕竟都还在婚姻里。离婚后对方便完全不在了，突然间你变成孤单一人。

你一想到“我将一辈子孤单”就无法承受，你觉得似乎再也不可能体验爱侣相伴的感觉。你也许和孩子住在一起，亲朋好友相距不远，但所有的感情就是抵不过那种寂寞。这种内心的空虚有消失的一天吗？你会有习惯孤单的时候吗？

约翰是酒吧常客。有一天他环顾四周，告诉自己：“我一直想用酒精来逃避寂寞，我想我应该尝试待在家里，写写日记，也许能对自己多一些了解。”他开始从寂寞转变为能享受孤单。

友谊：我的朋友都到哪里去了？

你应该已经发现，离婚初期的重建步骤是比较痛苦的。正因为痛苦，特别需要朋友的支持与鼓励。遗憾的是在这个过程中你发现很多朋友都不见了，尤其是已与配偶实质分开的人。如果你因为痛苦加上害怕被拒绝，而从社交场合退缩，问题将更严重。离婚会让朋友受威胁，觉得与离婚者在一起很不自在。

贝蒂说以前的死党这个周末要办派对，她和前夫都未被邀请。“我觉得很难过也很生气，这些夫妻在想什么——以为我会引诱她们的丈夫吗？”你必须找到能够了解你的痛苦又不会排拒你的朋友为核心，重建社交圈。除了与部分老朋友维系感情，最好也尝试结交能够支持你、倾听你的新朋友。

愧疚与被拒：抛弃者与被抛弃者

你是否听过抛弃者与被抛弃者这两个词？没有离婚经验的人就不需要了解这两个名词的定义。离婚时通常有一方比较主动要求分开，这个人就是抛弃者，比较被动接受的一方则是被抛弃者。前者通常因为伤害对方而感到愧疚，后者则很难接受被拒的事实。

抛弃者与被抛弃者的调适过程不同，因为前者的行为主要受制于愧疚感，后者则受制于被拒感。在讨论这个话题之前，迪克一直坚称他的婚姻是双方共同决定结束。他回家后仔细思索，终于承认自己是被抛弃者。起初他非常愤怒！然后开始承认自己有被拒感，他必须先打开这个心结才能继续往上爬。

悲伤：可怕的失落感

悲伤是恢复过程中很重要的一环。当我们失去爱，失去一段感情，或亲人去世，或失去家，都必须走过悲伤的历程。事实上，有些人认为离婚就是一个悲伤的过程。悲伤不只是强烈地感到难过，还带有绝望的感觉，让人觉得无助，无力改变生活。这是很重要的一个重建方块。

悲伤的一个征状是体重减轻，虽然也有些人体重反而增加。难怪布兰达会说："我想要减肥——也许我应该结束这段感情！"

愤怒：那个该死的

不曾离婚的人很难理解这种强烈的愤怒。一则报纸的真实故事可以说明离婚者与非离婚者的反应有天壤之别：一位女性被抛弃者开车经过公园，发现前夫与新女友铺着毯子躺在地上。她将车开进公园，辗过这两个人！（所幸两人伤势不严重，她的车子很小。）离婚者的反应是："做得好！她没有再辗回去吗？"未离婚的夫妻无法理解那种愤怒，可能会惊呼："什么？好可怕！"

多数离婚者并不知道自己会这么愤怒，这种愤怒完全是针对前配偶产生的，如果处理妥当，可能对你的恢复过程有很大的帮助，并可以让你和前配偶保持必要的情感距离。

放开：最难的莫过于放开

要放开离婚后仍残留的强烈情感很难，但你一定要停止继续把情感投资在逝去的关系上。

史黛拉离婚4年后来参加我们的课程（读者会在“放开”一章再见到她），手上竟然还戴着结婚戒指！投资在逝去的关系和情感的死尸上绝不可能回收。你需要的是开始投资在有建设性的个人成长上，这才能帮助你尽快走出离婚的阴影。

自我价值：或许我也不差

“自我价值感”与“自尊”对行为的影响很大。“自尊低落”与“寻求自我认同”是离婚的两大主因，反过来说，离婚也会导致自尊低落与丧失自我认同。对许多人而言，离婚时是自我概念最低的时候。他们投入太多自我在婚姻中，当婚姻结束时，自我价值与自尊皆严重受创。

珍告诉我们：“我觉得自己一点儿价值都没有，今天早上甚至不想起床。我想不出今天有任何理由去做什么事情，我只想缩小自己躲在被子里，直到我找到起床的理由。反正也没有人会想到我，何必起床?”

当你的自我价值感提升后，就能步出离婚的谷底，开始对自己有较好的感觉，同时也会有往上爬的勇气。

过渡：我已觉醒，决定抛开旧包袱

你一定想了解你的婚姻为什么结束。也许你应该把死去的婚姻进行“解剖”，如果你能厘清结束的理由，就可能开始改变自己，将来才能创造出不同的关系。

在这个阶段，你会探讨原生家庭对你的影响，发现你与父亲（或母亲）还怀有某种心结，而你所选择的配偶正好和他很相似。此外，你发现原来自己尝试在婚姻中完成一些尚未完成的成长功课。

例如你可能厌倦了做一切“应该做”的事，而决定过你想要的生活方式。于是你开始了叛逆的过程，试图“破壳而出”。

过去未能解决的问题都可能导致婚姻结束。

现在你应该把这些垃圾整理一下，将过去岁月与情感经验的包袱都丢掉。你或许以为自己早就抛掉了，展开新恋情后，却发现包袱还在。就像学员肯恩对布鲁斯说的：“那些该死的心理阴影简直阴魂不散!”

过渡期代表的是转变的阶段，代表你在学习新的人际互动方式，也是自由做自己的开始。

下面4个重建方块都不是简单的功课，但能带给你很大的满足。你将面对自己，了解真正的你，为将来更健康的关系奠立良好的基础。坦诚、爱与信赖是自我发现之旅，成长型关系则将带引你重新与他人建立亲密关系。

坦诚：我一直躲在面具背后

面具是你投射出来希望让别人看到的感觉或形象，但面具会使人无法看清真正的你，有时候甚至连你自己都看不清。布鲁斯记得小时候有一个邻居总是带着笑容，“长大后我才发现那个笑脸隐藏了庞大的愤怒。”

很多人不敢拿下面具，认为别人一定不会喜欢真正的自己。但当你卸下面具后，往往发现和亲友之间发展出前所未有的亲密感。

珍告诉我们，她已厌倦老是戴着芭比娃娃的面具："我很想让别人知道我真正的感觉，我并不是一直都那么快乐。"她感觉那个面具愈来愈沉重，这表示她已快准备好卸下面具了。

爱：会有人真正关心我吗？

离婚的人常会说："我还以为自己知道爱是什么，看来我错了。"结束婚姻应该会激励你重新检视爱是什么。这个阶段你或许会怀疑自己不值得被爱，例如李奥便说："我不只现在觉得自己不值得被爱，还觉得可能永远得不到爱！"这种恐惧感很难承受。

基督徒总被教导要"爱你的邻人如同爱自己"。但如果你不爱自己怎么办？很多人将爱的重心放在别人身上，离婚时这个重心消失了，使得失落的创伤更加深重。重建过程很重要的一环是学习爱你自己，如果你不爱自己，不接受你的一切优缺点，又怎能期待别人来爱你呢？

信赖：我那爱的伤口已开始愈合

信赖的方块位于金字塔中心，象征一个人内在基本的信赖感是整个调适过程的关键。离婚的人常会语带指责地说再也无法信赖任何异性。有句老生常谈在这里很适用："当你用一根手指指着别人时，同时有3根手指指着自己。"离婚者表示无法信赖异性，其实更重要的意义是无法信赖自己。

结束婚姻常会留下痛苦的爱的伤口，让你无法再爱。你需要一段时间后才能冒着被伤害的风险再与另一个人亲近。然而保持距离也是有风险的！洛伊说她第一次约会回家时，被车门撞得瘀青——因为她急切地想离开，愈远愈好！

成长型关系：成长型关系有助重建自我

很多人在婚姻结束后会再找到另一段感情，好像弥补了前一段婚姻里所欠缺的一切。你的感觉可能是："我相信已找到我的唯一，我们将白首偕老。这次婚姻解决了我所有的问题，我一定要紧紧把握住，相信他就是会带给我快乐的人。"

然而你应该了解，这一切美好的感觉是因为你已成为自己所希望的那种人，你应该收回你的权力，承认是你带给自己快乐。

离婚后的新关系常被称为"受挫后（rebound）"的关系，这个形容词多少有几分真实。当新的关系结束时，那种痛苦往往更甚于第一段婚姻结束。有一个现象足可证明：20%报名离婚课的人不是离婚后来上课的，而是"受挫后"的新关系结束之后。

也许你还没准备好思索下一个重建方块，但时机已经成熟！

性：我有兴趣，但很怕受伤害

听到别人谈"性"，你会想到什么？多数人的反应皆较为情绪化与非理性，因为我们的社会对性的态度不是过度回避就是过度强调和美化。已婚者常以为离婚者都是自由地"纵情性欲"，事实上，单身者往往觉得"性"这麻烦事是离婚过程中最让人困扰的问题。

你在婚姻关系里总还有一个性伴侣，现在这个伴侣不在了，但性欲依旧存在。在离婚后某阶段你的性欲甚至会更甚从前。多数离婚者想到约会时多少有些害怕——仿佛又像个青少年一样——尤其当他意识到约会的规则已迥异以往。很多人觉得自己变老，不具吸引力，缺乏自信，怕出糗，道德的顾虑更超过性的欲望。有些人不只要接受父母的训诲，还有青春期子女在旁叨念（记得早点儿回家，老妈！）。离婚后的约会总让人觉得困惑而不确定，无怪乎很多人会产生性焦虑！

现在我们已一步步接近山顶，剩下的重建方块——单身、目标与自由——会让你感受到一路走来的成就感。终于你可以坐下来好好欣赏山顶的壮丽景观！

单身：你的意思是单身没关系？

有些人直接从原生家庭步入婚后的家，完全没有经历过单身阶段，往往因此错过了重要的成长过程。有些人甚至连大学时期都受到父母的监督。

但不管你过去有什么经验，过一段单身生活——独立成长——对现在的你是好的。这个离婚的调适阶段可以让你真正抛开过去，学习做一个完整的人，用心投资自己。单身不只可以接受，更是必要的！

在离婚课里讨论过单身的议题后，乔安显得非常开心："我现在真的很享受单身生活，我甚至怀疑自己是不是有点儿不正常。上了课之后，我明白了当个快乐的单身者是很正常的，真谢谢你们。"

目标：现在我有未来的目标了

你知道自己将会活多久吗？布鲁斯在40岁时离婚，他惊讶地发现自己的人生路大约只走了一半。如果你还有很多年可以活，对未来有什么目标？当你已经适应离婚后的生活时，有什么计划？

读者不妨画一张"生命线"的图，检视一下你的人生，看看你在未来的日子里还可能完成什么。事先规划有助于将未来纳入现在。

自由：破茧而出的蝴蝶

终于到了山顶!

最后阶段有两个层次的意义。第一是选择的自由。你已跨越过去的每个绊脚石，现在可以自由地进入另一段关系，将它经营得比上一段更丰富、更有意义。你有选择快乐的自由，不管是过单身生活或进入另一个婚姻。

第二个意义是自由地做自己。未满足的需求往往成为我们的负担，使我们无法自由做自己想做的事。唯有当你卸下这个负担，学习满足过去未能满足的需求，才能自由做自己。这或许是最重要的一种自由。

回　顾

前面谈的是结束婚姻的调适过程，在攀爬的过程中，你有时会退回先前走过的重建方块。你的重建步骤未必与这里所列的顺序一样，你也许会想要全部一起练习。有时候当你碰到比较大的挫折，如法院诉讼或结束另一段感情，也可能使你退到比较远的距离。

孩子也需要重建

“那孩子呢?”很多人问到重建方块与孩子的关系。孩子的调适过程和成人相似，本书所讨论的重建方块同样适用于孩子（以及其他亲戚，如祖父母、姨伯与好友等)。许多父母一味关心孩子的调适过程，却忽略了自己的需求。

如果你正要展开重建之旅，我们建议你先照顾好自己，调适好自己，你会发现孩子会因此较容易调适。身为父母的你，对孩子最有利的做法就是自己先站起来。孩子往往和父母在同样的重建方块上遭遇困难，因此，你自己有进步就是在帮助孩子。

在后面的各章里，我们会分别探讨每一个重建阶段对孩子的意义。你也可利用附录一为基础，推动一个“离婚之子”的课程，帮助孩子更快适应离婚后的生活。

功课：在实践中学习

很多人会阅读自我成长书籍，希望从中找寻生活与人际互动问题的答案。他们学会相关的词汇，对问题多了几分了解，但并没有真正得到深刻的经验。情感学习应该要包括让你深有感触的经验，例如你体会到母爱的温暖，或是某些行为会招致惩罚，或结束婚姻是痛苦的。这些情感学习的心得对行为的影响很大，而危机调适的过程通常就是情感的再学习。

你抱持了一辈子的信念未必都对，有些需要重新学习。但要让理智的学习——思想、事实、观念——真正发挥价值，必须搭配与生活结合的情感学习。正因情感学习如此重要，后面各章都会列出一些练习帮助你重新学习，打好基础再继续往上爬。

下面是你展开重建之旅前的第一份功课：

1.做记录或写日记。记录你的感觉，不管是日记、周记或月记都可以。最好常常用“我觉得……”的句子，如此可多记录你的感觉。写日记不只可提升个人成长的情感学习经验，同时也可作为个人成长的衡量标准。很多人几个月后再回头看日记，往往对自己的进步感到惊讶。就我们听过的例子里，每个写日记的人都说这是很有价值的经验。建议你读完本章后就开始动笔，将来你可以每读完一章就记一次，或是每周一次。不管你预计多久写一次，请务必把写日记列为重建工作的一部分。

2.找一个你可以信赖和求助的人，学习向他求助。找一个你愿意多了解他的人，主动开始和他建立友谊，找寻任何理由和他接触。如果你愿意，可以告诉他你正在做的这份功课。现在你可能还不太有安全感，但你要学习建立一个支持网络，当你陷入谷底时（届时要自己爬出来很困难!），至少会知道有一个朋友可以丢一条绳子给你。

3.建立你的支持网络。这时候支持的力量非常重要，因此我们把它列为第一份功课的重心。建议你找一位或多位朋友（最好两性都有），一起讨论你觉得比较困难的重建方块。如果对方经历过或正在经历离婚的调适过程，你们会比较容易沟通，正在婚姻里的人可能不太了解你现在的感受。不过,最重要的是这个朋友必须是你能够信赖的。

如果你想要组织讨论团体，本书是很有用的参考。但要提醒你，并不是所有的“支持团体”都能支持你，请审慎挑选团体成员。他们必须同样有心追求成长，也愿意尊重个人隐私。

4.确实回答最后的评量问题。在每章的最后会列出一些问题作为你自我评量参考,内容多取材自“费雪离婚调适量表”。请花点儿时间确实回答,它可帮助你了解自己是否已准备好进行下一个重建方块。

5.你可能想要听布鲁斯的录音带。录音带的内容涵盖本书的重要概念，颇有提纲挈领的作用。（编注：可至亚马逊网站上购买）

你表现得如何?

下面是第一份评量问答,请自我评量:满意、需要改进或不满意。

1.我明白自己有哪些重建的步骤要加强。

2.我明白整个调适的过程。

3.我愿意开始调适的过程。

4.我要利用这次危机的痛苦来增进对自己的了解。

5.我要利用这次危机的痛苦激励自己追求个人成长。

6.如果我不愿意成长，我会试着了解是哪些感觉阻止我成长。

7.我愿意保持开放的思想与感觉，探讨自己目前陷在哪个重建步骤。

8.我有信心可以走出危机，把它变成创造性的学习经验。

9.我会提出重建方块的观念与朋友讨论，希望能了解自己处于哪个阶段。

10.我愿意探讨婚姻结束的原因。

11.如果我有孩子（不管是什么年龄），我会努力帮助他们调适。

如何运用这本书

自己阅读。多数读者都是刚离婚而自己阅读本书的人，如果你也是，我们建议你从头读起，一次读一章，做完每一章的功课后再继续下一章。本书大致是按照你的经验顺序而编排的。

但也有些读者想要先把整本书看完，然后回头经历一遍，并做完所有的功课。不管你采取何种方式，我们建议你把重点画下来，这对理解内容很有帮助。有些读者甚至每次阅读都用不同的彩色笔标注重点，因为你每次重看都可能发现先前没注意到的新观念。先前你可能只看到你能够看到的——这要看你正处于个人成长的哪个阶段。

读者有很多不同的反应，有些人的感受非常强烈，例如你可能明白自己太早离婚，必须回头再理清你与前配偶之间一些未完成的事。几年前上过离婚课的乔治告诉布鲁斯，他读了第一章之后极为愤怒，用尽全力将书掷向墙壁！

团体一起阅读。比单独阅读更理想的方法是组成小团体，每周一起读一章。这种读书会不太需要领导者，你会惊喜于从中得到的支持，以及与他人讨论的收获。现在有很多教会为单身教友举办这样的讨论团体。

根据经验，最能促进个人成长与改变的团体多是遵循《重建工作簿》与《重建手册》，两者对10周离婚恢复课程的实际内容有详细解释。我们的课程以本书为教本，《重建工作簿》里有每周的讨论内容，读者对课程可能有的任何疑问，工作簿里皆提供解答。

学员参与10周课程后的改变往往让周遭的人大为惊讶。课程虽名为“离婚复原”，实际上是帮助学员掌握自己的人生，学习对生活方式做出“爱的抉择”。研究显示，离婚后以这种方式重新开始你的人生是最理想的——甚至比个别心理治疗效果更大。

提醒。我们很高兴看到许多教会与其他团体也发展出离婚复原的计划。不过，有些课程每周还会安排一位“专家”就相关议题发表演讲。如此一来，参与者不仅要面对自己的危机调适问题，每周还要适应一种新的观点。而且听演讲是被动地接收讯息，无法主动与人讨论、互相学习——在一个“实验室”里学习掌控自己的人生。过度强调讯息的接收会阻碍成员之间的连系与互动，效果往往不及重视参与的课程（如费雪重建课程）。

读者千万别误解，多获得一些资讯并没有什么不好。相关的好书很多——包括“重建系列”的其他书籍，我们很鼓励读者多多阅读，对离婚的复杂性、离婚的过程与之后的生活多增加一些知识，但这些资讯只能为你的痛处裹上“绷带”，并不能真正治疗与改变你的人生。

如果你是偏重资讯的人，我们建议你开始掌控你的人生，积极请你的团体领导者询问“费雪重建课程”，索取《重建工作簿》与《重建手册》。到现在已有数十万人参与我们的课程，成功地化危机为丰富的情感复原经验。

我们不敢说知道所有的答案，但我们确知本书所介绍的方法有效。已有数十万人参与我们的课程，成功地走过危机，重新掌握人生。我们深信你也可以从本书得到实质帮助，从中学习、成长、治疗，更接近你的目标。祝福每个人成功登顶！

我不相信这件事发生在我身上

结束婚姻可能是你一生中最痛苦的经验，甚至可能因太痛苦而否定事实，无法置信。但这只会阻碍你探讨一个重要问题：『我的婚姻为何结束？』答案通常都不是很简单，你需要花一段时间努力寻找。

除非你能接受结束的事实，否则调适与重建只是奢谈。

• • •

否定

鸱枭在暗夜独泣，昨夜听它呼唤伴侣，遂陪它一起等待那熟悉的回音。但刺耳的沉默回答了一切，我的心跟着它一起下沉。今晚它又在呼唤，等到的是更长的沉默。我不曾见过鸱枭，只听过它的呼唤，和等待……

——南　西

看看那一大群在登山口等待上山的人吧！形形色色——各种身材、肤色、年龄、男人女人、有钱没钱的。有些人以为只有失败者才会离婚，其实离婚者很多看起来还满成功的。有些人迫不及待要爬上山，已开始做柔软操；有些人满脸惊愕，仿佛刚经历亲人死亡；有些人仰望高山露出气馁之色，似乎觉得登顶无望；很多人还在徘徊，期望以前的伴侣来接他，这样他就不必独自爬山了。

感到困惑迷惘的人也不在少数，约翰便是其中之一，他摇摇头喃喃道："我还以为我们的婚姻很幸福。中学时我是橄榄球队长，她是拉拉队长，人人对我们称羡不已。没想到上星期她丢下炸弹，说她不快乐，不爱我，她要离婚，然后便带着两个孩子回娘家。我整个人呆了，简直无法置信。"

玛莉的反应是迫不及待想登山，她告诉路人："我们的婚姻让我极不快乐，我早就想离婚了，只是一直开不了口。刚好他车祸身亡，大家都奇怪我怎么不太悲伤，事实是他的死让我获得自由。我们何时要开始登山？”

我们听到丽塔说：“他离开我和另一个女人同住，但我心里知道他永远是我的丈夫。这桩婚姻是上帝促成的，就要由上帝结束。我拒绝登山，要守着婚姻直到我死，也许到了天堂我们会再相聚。”

戴维用力跺脚保持温暖，仿佛打着冷颤尚未走出惊愕：“我们的婚姻很不错，从来没吵过架。昨晚她突然告诉我，她爱上我的好朋友，马上要收拾行李离开。我把自己关进浴室，整个人很不舒服。今天早上我打电话给律师，请他帮我办离婚手续。”

玛丽亚是个头发灰白的祖母：“我一生的岁月都给了他，原以为到老可以和他一起欢喜收割，没想到他没有留下一句话就走了。现在什么都没了，我这棵老树再也无法发芽了。”

类似的故事可以写满一本书，情节虽雷同，但每个人面对婚姻结束都有自己独特的反应。

面对这么大的伤害，任何人都很难给你安慰，这时候我们能做的顶多只是倾听。你可能觉得自己是失败者，仿佛被人打了一拳，所有的情感都被打掉，虽生犹死。如果你是主动决定离开的人或已做好准备，或许较能接受最初的冲击，但不管如何，结束毕竟是痛苦的。

为什么必须结束？

你心里可能有很大的疑问，为什么会落到这步田地？你觉得非得弄清楚问题所在不可，必须将这段死去的婚姻拿来“解剖验尸”。一味否定痛苦会阻碍你接受验尸的结果，了解原因有助于克服否定的心态，因此在本章与下一章我们将探讨婚姻结束的原因。

如果你问一群青少年：“有多少人将来准备结婚？”通常大约有半数的人会举手。如果你再问：“有多少人将来准备离婚？”绝对没有半个人会举手。

没有人准备将来要离婚，真正发生时，多数人刚开始也是采取否定的态度，像鸵鸟一样把头埋在沙堆里躲避风暴。然而就像鸵鸟一样，我们的婚姻问题总是旁观者清。

婚姻中有3个主角——两个人加上两人之间的关系。这可比喻成一座桥：夫妻是桥两端的基座，连接两端的桥面就是婚姻关系。当一端或两端的基座产生变化，桥本身也会承受压力。有些变化巨大到超乎桥的负荷，桥可能便断裂落入河中。以人来说，这变化可能是个人因为成长、教育、宗教经验、心态改变、疾病、焦虑、愤怒、迁徙、遭遇压力或创伤的反应等。

(避免对婚姻造成压力的方法是永远不要成长或改变，但这似乎不太健康，不是吗?)

也许你体认到自己或配偶最近有了改变与成长，导致两人关系生变——桥承受不住压力而断裂。

也许你会质疑自己的能力，责怪自己未能因为改变带来的压力而做好调适。事实上能够调适好的人是少数特例。我们在一生中必须学习两项重要的能力，一是建立与维护婚姻的桥梁，一是教养子女。但我们要如何学会扮演好这两个角色？多半是从父母身上学习，还有电视和其他成人。这些都不是很理想的来源。有一次布鲁斯在演讲时问近百名妇女听众，有多少人希望自己的婚姻和父母一样，结果竟然只有一个人举手！其他人在婚姻经营上能从父母身上学到什么吗？你自己又从父母身上学到调适的能力了吗?

那么婚姻咨询应该有帮助吧？那倒不一定。当夫妻双方都有心改善关系时，我们是很好的婚姻咨询师，但如果只有一方有心改善，我们就是很差的咨询师。

你们的关系属于哪一种？是两人皆有心改善呢，还是你一厢情愿？如果是后者，婚姻便很难改善。好比车队里有一匹马倒下，不太可能靠其他马匹负重前进。

你可能会在婚姻结束后以很多假设性的问题惩罚自己，诸如“如果我当初多用心倾听，如果我不要那么愤怒，如果我当初努力满足她的性需求，如果我不要那么不可爱……”

我想你已经惩罚自己够多了，就到此为止吧。现在你看事情应该比较清楚了，自从关系触礁以来，你对自我与人生已学到很多教训，对事情的看法已长进很多。何不运用这些自觉与智慧来促成自我成长？与其沉湎过去，不如为以后的人生努力。试着告诉自己：“我已经尽我所能了。”然后抛开一切。现在你必须想的是今天、明天、明天的明天……

也许你的婚姻因第三者介入而结束。这时责怪第三者总比责怪配偶或自己来得容易。责怪配偶会让你陷入两难，“恨他会让自己痛苦，不恨他也让自己痛苦”。你怎能去恨一个曾经爱过的人？相较之下恨那个“抢走配偶”的人总是比较简单。

一个人会离婚而和第三者在一起的原因很多，你也许觉得是因为对方有某种你没有的特质。有时候可能是如此。但事实是每个人的婚姻多少都有些裂痕，而这些裂痕往往因各种原因而导致婚姻破裂。夫妻的相处模式通常在婚姻结束之前早已建立。如果你的婚姻有这类严重裂痕，在此时你或许不容易看清楚。

让我举个例子，很多人在结婚时并未摆脱父母的影响力，他们不确定自己是什么样的人，只知道是父母的儿女。这样的人有一天可能会抛弃配偶。深入探究他的心态会发现，他其实是试图抛弃父母的控制与影响。他反叛的不是配偶，而是他的父母。

这种情形下，你的婚姻裂痕甚至早在结婚前就已存在。当你的婚姻里有这种裂痕时，第三者很容易介入填补。与配偶相较，第三者总是比较容易（或看起来比较容易）弥补这类缺口。一个好的婚姻咨询师理应能帮助你探索过去婚姻里的裂痕与缺口。

另外一个重要的现象也常导致婚姻结束。很多夫妻将太多的时间心力投注经营婚姻以外的事情，例如建造新房子、事业、学业等。这些外务可以让人忙碌到无暇经营婚姻，甚至成为夫妻互相逃避的借口。于是当房子盖好时，夫妻发现彼此再也没有任何共同点，新房子成了离婚的纪念。

当初为什么结婚?

很多人看到朋友离婚会疑问："他们为什么离婚?"但有时候更应该问的是："他们为什么结婚?"

(鲍伯记得他的大学论文开头是"离婚的基本原因是结婚"。也许不是很深刻的道理，但观察多数离婚的案例不正是如此?)

很多人最初结婚的理由根本就是错的，包括因为寂寞，为了逃离不快乐的原生家庭，因为每个人都应该结婚，因为只有"失败者"找不到结婚对象，因为有一份照顾别人或被人照顾的需求，因为怀孕，因为"相爱"……等等。

关于"爱情"，后面会有专章讨论，这里只谈一个基本问题，爱有很多种层次，有些爱其实没有成熟到足以作为婚姻的基础。人们往往对另一个人怀有理想化的形象，然后便爱上了那个形象。当蜜月结束（现实的冲击总是要很久以后才发生)，幻灭随之产生，因为对方毕竟与理想形象有所差距。有时候"爱"只是填补心里的空虚，而不是建立婚姻的坚实基础。

因为这些错误理由（包括"相爱")而结婚的人或可称之为"半人"——想要寻找另外一半来让自己完整，想要从婚姻里寻找快乐。结婚誓词里不也说"两人结合为一"？布鲁斯有一次和一群牧师对话，其中一人问布鲁斯是否认为结婚誓词也是导致离婚的凶手之一，布鲁斯答是。接着引发热烈的讨论，甚至有部分牧师开始考虑应修改结婚誓词。

同样的，鲍伯也很反对一种常见的结婚仪式：用代表夫妻的两根蜡烛点亮一根代表婚姻的蜡烛——到这里为止还算好，接下来那两根蜡烛却被熄灭了！熄灭后，原来的两个个体怎么办？

当你已准备好单独面对人生，可以一个人寻找快乐时，才算准备好和另一个人一起面对人生。比起两个半人想要结合成为完整的人，两个完整的人一起攀登个人成长与自觉的高山，当然更能建立丰富的关系。

大多数错误的结婚理由可以归纳为：两个不快乐的人预期婚后就能找到快乐。读者是否还记得以前探讨婚姻的老电影——20世纪30~50年代的电影？（电视台总是一再回放，再年轻的观众也可能不陌生。）剧情皆描写男女的恋爱过程，当有情人终成眷属时，电影便结束了。暗示男女一旦结婚，便从此“毫不费力地过着幸福快乐的日子”。多么天真的神话！

布鲁斯的儿子托德常将他的一些想法写下来，其中有些颇为深刻。例如他谈到结婚的一个好理由：

“在成为一个完整个人的成长旅途中，有一天当我觉得生命的杯子丰盛满溢时，将会需要与另一个人分享。”

结束就是结束

承认你是在结束一段不快乐、不具建设性的关系，然后你才能认清离婚是心理健康的反映。好好检视过去那段婚姻、你的配偶和你自己，暂时抛开别人认为“你们应该在一起”的所有理由。这是诚实面对自己的痛苦时刻，请试着问自己：

*你和配偶是好朋友吗？

*你们会互相吐露心事吗？

*你们有什么共同的兴趣？嗜好？人生观？政治观？宗教信仰？对子女的态度？

*你们对自己、彼此及婚姻所抱持的目标是否相似或兼容？

*你们对解决婚姻问题的方法有一致的意见吗？（这里指的是方法，未必是解决方案。）

*你们对彼此有不满时是直接处理、隐藏还是互相伤害？

*你们会与彼此的朋友交往吗？

*你们常一起参加社交聚会吗？

*你们对赚钱和家事的分配是否达成共识？

*你们会一起决定重要的事吗？

*你们会给彼此独处的时间吗？

*你们互相信赖吗？

*你们很重视彼此的关系，必要时可以做一些个人的牺牲？

希望回答这些问题对你不会太痛苦。“诚实面对”可以帮助你认清你们的关系其实早在离婚前就已结束。要承认这些问题当然不容易，更何况是承认一部分问题是出在你自己身上（把问题推给配偶、社会等等总是比较容易）。但在重建第一块基石——“否定”上，最重要的是接受事实。

请勿操之过急。切记：要接受婚姻结束的事实未必要背负沉重的愧疚感！停止在“如果当初我……就好了”的想法里打转，其中涉及的理由与因素就像桥梁的结构一样复杂。要成功建造一座桥梁，必须就各种素材已知的压力与支撑进行复杂的分析，想想看婚姻要比这复杂多少倍！我们对自己的压力与支撑又真正了解多少？在未来的旅程中，你会有更多机会思考这些问题。现在先暂时抛开，深吸一口气告诉自己：“我的婚姻已经结束。”

让自己痛快哭一场。

从否定到接受

现在你已经为了离婚的理由哭过了，也已好好省视过去婚姻里的裂缝，你可能“觉得悲伤，但聪明了一点儿”，也许对自己有一点儿失望。请记住有这种感觉的不只你一个。

人们对离婚的接受程度还透露出其他心理状态。“费雪离婚调适量表”的一个小测验专门评量你对婚姻结束的接受程度，我们将统计数据输入计算机进行分析后，发现“接受部分”的项目竟然不见了！深入调查发现，原来这些项目都跑到“自我价值感”的部分。所有的数据都很清楚，只不过要从另一个地方来证实：一个人的自我价值感愈高，愈能接受婚姻结束的事实。

如果你因为拒绝接受事实而无法开始登山的旅程，可能需要先提升自我概念。当你正陷入婚姻结束的震撼里，告诉你要提升自我概念恐怕徒劳无功——实质上并不会有多少改变。本书“自我价值”一章会更深入探讨自我概念的问题，当你发掘出更多的自我价值，就能体会努力之后还是有成果的。

当你渐渐发现自己真的是一个人了，并接受婚姻结束的事实，可能会非常痛苦。而且是非常真实的痛苦。离婚与配偶死亡可能是一个人一生中最痛苦的两件事。世界上有无数人和你有相同的感受，痛苦是必然的。知道别人和你一样受苦并没有多少帮助，但我们必须在痛苦中学习，在痛苦中成长，而不是一味否定。让痛苦成为激励你成长的动力，化危机为转机，而不要变成永远无法愈合的伤口。痛苦可以是让人怨恨、愤怒、不快乐的借口，也可以是成长的动力，你选择哪一个？

可能有些人相信还有机会和配偶复合，因而觉得没有必要攀登这座重建之山。在科罗拉多州，有20%~30%诉请离婚的人最后并未离婚（确切比例每年不同）。我们不知道这些夫妻后来怎么样了，其中有可能很多人再度复合。

对于想复合的人最理想的做法是什么？你还需要经历调适的过程吗？如果你的婚姻问题严重到论及离婚，你们可能还是需要分开一段时间来改变旧的互动模式。你必须先将桥梁封闭，进行基础补强。先追求个人成长，再开始修补桥梁。直接复合当然很容易，但除非你先改变，否则很难让彼此的关系变得更有意义。你最好还是先爬完这座山，再回到前配偶的身边！

孩子的痛苦

孩子也可能因否定的心态而造成3种问题。

第一，孩子常会继续抱持父母复合的幻想，而且投注很多心力在这个幻想里。他们很难接受父母永久分开的事实，如果你知道孩子对于复合的幻想有多强烈，可能会吓一大跳。你必须不断让他们看清事实，让他们停止投注心力在复合的幻想里。孩子可能会想出各种办法把你们拉在一起，不断找机会让你们谈话。你的态度应该温和而坚定，坚守你自己的决定——亦即婚姻已经结束。

第二，孩子深信是自己不乖才让父母分开。他认定原因一定是他最近没有按时上床、吃完饭没有清理、没有整理房间，而导致父母争执，进而离婚。请努力帮助孩子了解，离婚不是他的错，是大人之间的问题。

第三，孩子觉得他已“失去”父母其中之一，他会担忧是否将失去另一个。孩子往往变得很依赖与依恋父母，需要父母一再保证不会离开。父母会结束彼此的关系，但绝不可能与子女结束关系，你必须一再对孩子说明这一点。

朋友与情人

我要暂时摆起长辈的口吻，提醒你不要为了逃避痛苦而轻易陷入另一段感情。我相信你现在需要的是朋友而不是情人。

你是否读过荷马的《奥德赛》？这篇希腊神话叙述水手历经险阻的一段旅程，他们会经过一座小岛，岛上有美丽的女妖以歌声引诱水手停下来。（水手们事先已被告知停下来会招致毁灭。）他们抵抗诱惑的方式是把自己绑在船桅上，把眼睛蒙起来。

你应该像这些水手一样，把自己绑在自律的船桅上，在走出痛苦之前，避免再陷入另一段感情。在痛苦中开始的感情长久来看必然会更增痛苦。友谊却是有益的，如果你用心经营友谊而不是爱情，对现在的你会比较好。

试想像马戏团的走钢索表演，钢索的一端是你在爱情里找到的安全感，另一端是你在自己内心找到的安全感。你必须经历调适的过程走完钢索，才能找到内在的安全感。但如果你退缩在自己的壳里，没有结交任何朋友，很可能会失去平衡跌下去。

深深陷入另一段感情也可能让你跌下去——如果你投注在这段感情的心力超过追求个人的成长，有一天你会突然发现自己一直在取悦新的伴侣，努力维系这段感情，却忽略了成就自己。

朋友就是你走钢索时手上的那根平衡杆。朋友可以给你诚实的回馈，不会因为需要你的爱而有所偏颇。朋友总是比情人客观，而这时候的你需要的正是客观的意见。为自己订立一个目标：在找寻新伴侣之前，先学做一个快乐的单身者！

——布鲁斯

你表现得如何？

也许你很不情愿开始这段旅程，也许你心里依旧觉得自己是已婚者。但内心的痛苦太强烈，你知道自己非得开始向上爬。了解未来的行程对你很有帮助，与其不甘不愿地上路，不如把这段路变成有意义的经验。

下一章我们会继续探讨婚姻结束的原因，但在此之前请先回答下面的检核表，帮助你决定是否准备好继续前进。用它来检视你的进度，没有人替你打分数，因此请对自己诚实。

1.我能接受婚姻已结束的事实。

2.我能自在地告诉亲友我的婚姻已结束。

3.我开始了解婚姻无法继续下去的部分理由，这有助于我克服否定的心态。

4.离婚固然痛苦，但我相信它也可以成为正面的创造性经验。

5.我已准备好积极追求个人成长，成为自己希望的人。

6.在投入另一段感情之前，我要学习做一个快乐的单身者。

7.即使前配偶和我计划复合，我也要继续追求个人成长。

我有太多恐惧

恐惧可能让人失去行动力，除非你能体认恐惧是你的一部分，是你的朋友。

然后你可以化恐惧为激励的力量，增进对自己的了解。

身陷离婚的漩涡时，恐惧是一个很重要的感觉。

• • •

恐惧

“恐惧”是我最大的障碍，我害怕发生自己无法控制的变化，却又害怕永远无法改变。我的一生都受到恐惧感影响！我害怕孤单，但总是把自己孤立起来，怕永远无法找到真爱，当爱靠近时却又把它往外推……我简直进退维谷，被自己的恐惧感所瘫痪……直到有一天我承认自己的恐惧，一一罗列出来并坦诚与之对话，恐惧才失去支配的力量。

——吉　儿

我当了33年的专职家庭主妇，负责照顾一大家子，过着中上阶层安全舒适的生活。现在我变成了单亲妈妈，要照顾最小的孩子，还要养活自己（我没有一技之长），真是恐惧到不知如何是好。

——琼　安

这条山路看起来有些艰难，对不？有些准备登山的人不免在言语中流露出恐惧：“还是别上去的好，说不定会跌下山崖！”“山路太陡峭了，我恐怕上不去。”“路上不知道会跳出什么吓人的野生动物。”“我不是真的很想爬耶。”“我真怕这一爬上去会发现自己是什么样的人。”结束一段婚姻总会引发各种恐惧，有些是你不曾想象过的，有些是本来就已存在，只是你一直成功地加以否认。

人很容易因恐惧而失去行动力，因为害怕而举步维艰。一点点恐惧感可以发挥激励的作用，太多恐惧却会让你运作失调以致无法达成目标。我们发现有几项原则极有助于面对恐惧，第一个原则是：不知名的恐惧才最可怕。只要你能确认恐惧的是什么，勇敢正视它，就会发现其实没有原来想象中那么可怕。你可以做一个简单的动作，就是列出你所恐惧的事，如此可以理清你真正的感觉。

第二个有用的提醒是：你不去面对的恐惧往往会成真。假设我害怕被排拒，我会想出各种方法来避免被排拒。例如我可能会努力取悦别人，对别人的事过度负责，或压抑愤怒。这些行为看似可避免遭排拒，事实却刚好相反，别人可能觉得你不够真诚而排拒你。因此除非你勇于面对自己，否则所恐惧的事往往会成真。最好不要一味否定，应该坦诚面对自己的恐惧，光是做到这一点就足以消除一些恐惧。

你害怕什么?

首先让我们看看一般人常表达哪些恐惧，下面所举的是离婚过程中人们常提到的，或许可以帮助你理清自己的心态。其中是否有一些是你正在体验的?

人们最大的恐惧之一是面对不可知的未来。我不知道上山的路况如何，不知道对自己或别人会有什么新发现，更无法想象自己一个人怎么走下去。

这种恐惧通常是在性格形塑的成长过程中养成的。就像夜里你以为看到鬼魂而惊醒，那份恐惧感是真实的，但你所恐惧的东西并不存在，只不过是你的想象。你必须明白你绝对可以面对不可知的未来——这个鬼魂，认真过好每一天。学习相信过程终会过去，你终能面对每一个新的经验。

另一个常见的恐惧是害怕变成一个离过婚的人。别人会怎么想？在大家眼中我将变成一个失败者。我连婚姻问题都处理不好，还能做好什么事？这就好像吃饭时食物掉了满身，每个人看到了都惊呼："瞧那个人多笨，连吃东西都吃不好。"我觉得尴尬、笨拙、丢脸，我怕别人再也不喜欢我。

第三个常见的恐惧是害怕所有人都发现我们家的秘密。仔细想想，我们家很多秘密都不再是秘密。还没有离婚前，夫妻俩吵得再凶也没有人会知道。我一向觉得婚姻出问题有些丢人，但至少别人并不知道。一旦离婚后，孩子的老师总会知道，不久朋友会发现我的前夫（或前妻）有另一个电话号码。邮局立刻会发现他的信要转到另一个地址，银行也会被告知账单要等到一切确定后才会付。过去只有两个人知道的家丑，仿佛一下子摊在全世界面前。

我害怕不知道如何做各种决定。我要找哪一个律师？要去看哪一个心理医生？我没有足够的钱付所有的账单，那么我应该先付哪些？以前都由配偶管财务，我如何学会管钱？我根本不知道车子该送到哪里保养。以前我从来没送过，修车厂的人肯定会敲我竹杠。光是学会做一切必须做的决定就可以耗去我所有的时间，我已经心力交瘁了，哪里还管得了车子的事。

另一个恐惧是经济。现在我要养两个家，我怎么有足够的经济能力？我害怕会被老板炒鱿鱼，因为我上班时老是哭。我无法专心做好工作，谁要雇用我这么不称职的员工？我真不知道自己能不能赚够钱养家养小孩。

谈到小孩，我害怕成为单亲。我都自身难保，哪里还有足够的耐心、勇气和力量去照顾孩子。当我累垮时，再也没有配偶可以分担，我必须每天24小时独立照顾孩子。我真想爬上床钻进被窝里，真希望可以有人抱着我、安慰我，而不是我要假装坚强去抱我的孩子。

我害怕失去孩子。我的前夫说要争取孩子的监护权，过去一向是我在照顾孩子，孩子也说要跟我。但前夫比较有钱，我确信孩子抵挡不了他的物质诱惑，届时一定会想跟爸爸。如果真的走上法庭，孩子会怎么说？说这个妈妈心力交瘁，太忙碌、太难过，根本没有时间陪他们？

我怕没有人可以倾诉。我需要一个人倾听我的心声，但有谁能了解？多数朋友都有健全的家庭，我的倾诉会不会变成朋友之间的八卦？知道我离了婚，他们还会是我的朋友吗？全世界一定没有人和我有一样的感觉，没有人会了解我，因为连我自己都无法了解。

我害怕上法庭。我从来没有上过法院，我以为只有罪犯或犯法的人才会去。我听说过离婚的人如何在法庭上“惨烈厮杀”，我很怕同样的事发生在我身上。我知道前夫一定会找最厉害的律师，到时候我会失去一切。我不喜欢勾心斗角耍手段，但我怕到时候为了自保不得不如此。法院凭什么有这么大的力量影响我和我的家人、孩子？我做了什么事以至于要承受这种待遇？

我害怕愤怒。不只是怕自己愤怒，我也怕配偶愤怒。小时候看到父母发怒争吵，总让我很害怕，因此我学会不要发怒，我和配偶从来不曾吵架或表现怒气。但现在有时我会愤怒，这让我感到害怕。我如果愈来愈愤怒会怎么样？这样不就没有复合的可能？我常感到愤怒，但又觉得不对或不安全。此外，我也感到沮丧，我不知道沮丧和愤怒有没有关系。

我害怕失控。我内心的那股愤怒太强烈了，万一我像我的父母一样失控怎么办？我听过有些人离婚时会表现出暴力的行为，我会不会一时失控也暴力起来？

我怕孤单也怕独居。如果我现在开始一个人，老了谁来照顾我？我看过很多老夫妻可以互相照顾，不必去养老院。但我将来可能会一个人终老，万一我生病了怎么办？我可能会死在空荡的公寓里没有人发现，生病时没有人照顾，病到无法求助时也没有人知道。

我也怕发现自己不值得被爱。如果连最了解我的配偶都不想和我在一起，我一定是个不值得爱的人。我要如何怀着这种感觉孤独老去？我一直很怕被抛弃，现在我真的被抛弃了，像没有人要的玩具一样。

我害怕自己得了精神病。我觉得自己病到可以去疗养院，甚至觉得待在那儿有人照顾，供应三餐也不错。我从来没有想到有一天我会觉得住进精神病院也不错，但现在真的有这种感觉。我渴望被照顾，即使住进精神病院也没关系。

我怕被伤得更重。我从来不知道会受到这么大的伤害，我所爱而我以为也爱我的人却比谁都伤我更深。我真想躲起来以免再受任何伤害，痛得我几乎都麻木了，仿佛感情已经长了茧。我怕自己会崩溃，无法承受再一次伤害。

我害怕改变。我将经历哪些改变？我必须从家里搬出去吗？我得找一份新的工作？结交新的朋友？我必须改变自己的性格才能活下去吗？这些未知的变化让我害怕，我不知道要做多少改变才能熬过这次危机。

我害怕和另一个人交往，怕到我连想都不敢想。

和恐惧做朋友

有些人面对恐惧的方式是从事更危险的事，他们想借由冒险来感受恐惧。于是离婚后他们会去攀登险峰、疯狂开车，让自己处于危险的境遇。然而这类极端行为鲜少有任何好处。与其将恐惧推到极限，更有意义的做法是尝试和恐惧做朋友。

如果你有很深的恐惧，心理医师通常会建议你想象最糟糕的情况：你会因这个危机而死去吗？还是生病？被送进监狱？通常最糟糕的情况就是你会受伤一阵子，而最可能的结果是危机将使你改变，对人生有更深刻的体验。

恐惧是正常的心理状态，我们可以学习与恐惧做朋友。恐惧让我们免于冒不必要的风险、身陷危险的处境、暴露自己的弱点。若没有恐惧，我们恐怕无法存活太久，因为我们会让自己暴露于威胁生命的境遇。我们都需要“恐惧”来保护自己。就好比曾经被火烧伤的人必学会敬畏火焰，因为你知道它会伤害你。情感的火焰何尝不是如此，受过伤害，你必学会在伤口痊愈前不要靠得太近。

恐惧也可以发挥激励的力量，促使你发展出有利存活的技能以及自我防卫，让你的情感与身体变得更坚强。你可以利用恐惧激励自己学习调适，告诉自己：“我不要再经历这么多痛苦，我要努力走过这一切，克服恐惧。”

克服恐惧最好的方法就是去感受它，“走出森林的唯一方法就是用双脚”。你必须发掘你的恐惧，决心克服它，以增进对自己的了解。恐惧往往能引导你进一步发现自己。

举例来说，你可能对教养子女感到恐惧，但走过这个危机后，你会成为更称职的父母。勇敢面对恐惧，你会花更多时间与心力追求个人成长、事业的发展、人际互动与子女的教养。

面对恐惧

当你感到恐惧时，不妨多注意是身体哪个部位在感受恐惧。多数人感受的部位是上腹部，亦即肚脐上方。但也可能是心跳加速，后腿紧绷。找出身体的反应是开始接受恐惧的第一步。

下面介绍一种有用的运动，找一张舒适的椅子坐下或躺下，开始做深呼吸。尽可能吸进最多的空气，以腹式呼吸法让氧气充满肺部——将气体深深吸入腹部，缓缓吐气。让氧气充满血液，尤其是头部。

接着放松身体，让全身肌肉从脚趾到额头完全放松，一边做深呼吸。闭上眼睛几分钟，想象自己在一处非常平静松懈的地方（海边、草原……）。

然后开始想到你的恐惧。这恐惧会威胁我的生命吗？我是从何处学习到这恐惧？是目前的问题所引起，还是过去经验的残留？举例来说，当前夫对我发怒时我会感到恐惧，是因为想到小时候父亲发怒的可怕吗？是因为想到过去的身心创伤吗？恐惧来袭时怎么做最恰当？我将被恐惧淹没吗？或是可利用恐惧了解自己？

当你思考这些问题时要不断深呼吸。当你做好准备，慢慢“回到现在”，张开眼睛。不妨经常做这个练习，你会对自己的恐惧有更多的认识，更知道如何应对。然后你会慢慢学习与恐惧共存，学会掌控自己的人生。你能做的选择愈多，恐惧对你的影响就愈小。

结束婚姻往往使一个人经历许多成长与转变，面对并克服恐惧，有助于化危机为转机。

孩子比你更恐惧

我告诉8岁的女儿我要离开，然后便进去收拾衣物。当我去向她吻别时，她竟躲进被子里。她恐惧到忘了这件事，至今依旧否认曾躲进被子。

——布鲁斯

想象父母离婚时孩子的恐惧有多大！他的整个世界都面临威胁。爸妈还爱我吗？我要住在哪里？是跟爸爸住还是跟妈妈？朋友会怎么想？我还会有任何朋友吗？我将来会怎么样？

孩子常会有被抛弃的恐惧：“妈妈离开我了，爸爸也会离开吗？”“爸爸搬出去时我没有机会表示意见，不知道妈妈何时也将弃我而去。”

我们必须传递给孩子一个重要的讯息：父母可能会彼此分开，但绝不会与孩子分开。婚姻可以结束，但亲子关系是永远的。在这个时间点，务必在言语与行为上明确表示这一点。

恐惧有很大的力量。孩子就像成人一样可以学习确认恐惧，和恐惧对话，学习更自在地面对它。每个人都应体认恐惧是可以接受的，每个人总有恐惧的时候。

前述的深呼吸放松法对孩子也很有帮助，早一点儿学习有助于运用在各种引发焦虑与恐惧的境况（如考试、演说等）。

你表现得如何？

下面几个问题可以帮助你评量自己是否完成这部分的旅程。除非你能勇敢面对恐惧，否则很难开始攀爬调适的山峰。

1. 我已确认并列出恐惧的事项。
2. 我已经找到一个可以向他倾诉恐惧的朋友。
3. 我正在学习将恐惧当做朋友。
4. 我正在学习将恐惧转化为激励的力量。
5. 我正在学习直接面对恐惧让我更了解自己。
6. 我经常练习深呼吸放松，帮助我面对恐惧与每天的压力。

我小时候就是这样调适的

在成长过程中当我们得不到足够的爱与注意，便会学习用各种方式调适。

有些策略确实帮我们度过童年，有些在长大后却成了包袱。

例如过度负责或不够负责的策略，对成人的关系都是不利的。

重建的过程中你仍有很多机会可以将这些不健康的方式转变为提升人际关系的真诚行为。

• • •

调适

在第一次婚姻里，我扮演母亲的角色照顾他，下一次我希望是对方来照顾我，疼惜我“内在的那个小女孩”。等到第三次也许我可以有更平衡健康的关系。

——珍　妮

你还在苦思婚姻为何结束，是吗？

在继续攀登“重建的高山”之前，我们不妨再花点儿时间探讨这个问题。几乎每个经历离婚过程的人都会想弄清楚为什么那段感情关系会结束，这一章会有助于解答你的疑问。

当你正在考虑结束一段情感关系时，没有什么事是绝对的，你心里可能有80%赞成离婚，20%反对。当你身陷危机，听到内心这两种不同的声音此起彼落，可能会感到混乱，但这很正常。

每个人都有多面性。当你经过冰淇淋店，心想“下车去买个冰淇淋吧”，但另一个声音说：“忘了你的新年新希望是减肥20磅吗？一天到晚吃冰淇淋怎么减肥？”最好的状况是出现一个中立的声音：“我是这么好的人，一星期犒赏自己一个冰淇淋不为过吧？”

倾听内在的对话，你会更了解自己潜藏的各种个性。下次不妨尝试找出每个声音所代表的是哪个方面。多数离婚者都是先经历内在不同声音的“内战”，然后转化为与配偶的“外战”，最后以离婚收场。

了解自己的不同面貌不仅有助于自我治疗，将来也比较可能建立坚实的情感基础。

健康的关系

为什么有这么多人在可以选择的情况下却选择了不健康的关系？健康的关系究竟应该是什么样子？是什么感觉？我们如何与自己与别人营造健康的关系？

首先我们应该先检视何谓健康的性格。

每个人都有一个“感觉”的部分，有人称之为“内在的小孩”。认识与接触自己的感觉很重要，证据显示感觉能力与治疗能力之间有密切的关联。一个人如果无法触及自己的感觉，无法坦诚讨论感觉，遭遇危机时通常需要较长的适应期。

另外每个人都有“创造”的部分，会创造出新的思考与处事方法。创造力是奇妙的天赋，不只是指艺术天分，也是一个人具原创、独特、个人特质与自我实现的动力。创造力是美好的感觉，让人少一些机械性，更贴近人性。

我们还有“幻想”的部分，当我们翻阅植物种子的目录时，便相信栽种后会长出目录上的花朵。这个部分让我们喜欢看《阿拉丁神灯》，想象自己也可以坐着魔毯飞上天空。这个部分让严肃理性的一面得到平衡，偶尔也能游戏人间，而不是时时记得要吃麦麸、花椰菜等健康食品。

我们还有“付出”的部分，但这部分常常失衡，只记得照顾别人，忽略了照顾自己。我们总相信施比受更有福，代价却是忘了自己。健康的做法是为别人也为自己付出。

我们还有“精神”的部分，可以透过信仰和自己心目中的神连接。这个部分通常有点儿孩子气，因为信仰未必是理性的成熟的，但让你愿意臣服于一个更崇高的存在，同时运用自由意志做出生命中的重要决定。

你能想到其他健康的部分吗？不妨花点儿时间想一想，写下其他部分。

你的成长过程健康吗？

下面要请你思考一些重要问题。你的原生家庭是否鼓励你培养上述健康的部分？例如是否鼓励你哭（特别是男性）？如果你是女性，是否被鼓励适度表达愤怒？父母是否鼓励你发挥创意与好奇心？鼓励独立思考的能力，或是告诉你“照我说的去做就对了，因为我是你父母”？

童年时期的其他影响（如学校）又是如何？你的创意是否获得鼓励，或常因与众不同而遭殃？你是否被鼓励表达愤怒、哭泣？讨论感觉？你的付出、精神、幻想的一面是否得到赞赏？

根据来参加离婚课的学员叙述，每个人在成长过程中得到的鼓励程度不同。有些人的家庭鼓励创意，允许相信奇幻的事物，鼓励付出与接受。有些人的学校除了教导读写算术，也允许独特的个人特质。有些家庭、学校与团体教导我们去爱，有些却强调恐惧与控制，目的是让我们“做应该做的事”。

基于各种理由，很多人并未学会认识与鼓励自己健康的部分。长大后忽略了自己的感觉与创造力，忘了要留时间给自己，投资自己的精神内涵。我们学会排拒这些健康的部分；为的是与别人和谐相处，隶属某个团体；为了得好成绩，赚更多钱，符合别人的期望。但现在你觉得没有得到爱与关怀，觉得一切都不对劲。于是你可能因为不够自信，想要从婚姻里寻找好的感觉，却忽略了关照自己的内在。无怪乎我们在健康的关系里无法自在，因为我们甚至无法与自己内在健康的部分自在共处。

健康与不健康的调适方法

我们人类是调适能力很惊人的动物。高度发展的智能让我们有能力表达自己的特质，同时能对自然与社会环境的无数挑战做出反应。

如果早年的境遇比较顺遂，我们的调适能力会朝创造、探索、自我表达、爱与负责的方向发展。

但如果成长过程中情感与心理需求遭忽略，我们必须想办法调适，从而发展出一套不同的（通常较不健康的）策略。童年时期的压力与创伤愈大，就愈需要这类调适策略，接着我们就来一一检视这些不健康的策略。

例如凯伦发展出“急切助人”的部分。看到家人不快乐、争执、愤怒、用药过度时，她发现“帮助他们”会让自己好受一点儿。专注于家人的痛苦，自己的痛苦就会减轻一些。长大后每当她看到有人需要帮助，便义不容辞伸出援手：让别人搭便车、在药房碰到面露悲伤的人便与之攀谈、常将流浪猫带回家。最后她可能选择嫁给一个需要帮助的人，如此才能平衡她“急切助人”的需求。

杰洛学到的是“过度负责”的行为。他是家中长子，必须照顾弟妹，帮他们换尿布，帮忙端菜洗碗。做这些事为他赢得注意与认可。长大后他继续照顾全家人——虽则这些是他小时候讨厌做的事。最后他可能娶一个责任感太低的人（即使不是，他也会把她“训练”成责任感不足的人）。

有些人则是在父母师长的挑剔下长大。例如乔很小就要负责照顾庭院，他发现如果把每一根草都剪得一样短，像比赛用的棒球场地，他受到的批评会比较少。他很早就不再期待被称赞或鼓励，他发现唯一可能被称赞的时候是去邻居的家，父亲会在人前称赞他，但从不直接鼓励。

乔长大后别人都很怕和他一起去购物，因为他总是犹豫不决，不知要买什么。他生怕做出任何错误的决定，因为父亲的批评已经变成他的一部分——内在批评的部分。很多人内在有这个强大的调适角色，不断提醒自己要力求完美。每一个决定都应该是最佳抉择，即使是购物也不例外。很多人就像乔一样力求完美，唯恐内在的批评声音呼喊得太大声。

这种完美主义者会寻找哪一种配偶？可能是个不断取悦别人的人，因为完美主义者内在的批评声音往往在婚姻关系里变成“外显的批评声音”。有什么事比和一个完美主义者生活在一起更困难？就是和内在的完美主义者共存。但也有些完美主义者结婚时会寻找另一种极端——像“小猪（Pig-Pen）”漫画里的人物——对方邋遢的行为永远可以提供他批评的理由。

查尔斯生长在一个混乱的家庭：家人不是常喝得醉醺醺回家就是情绪失控，或行为不理性，经常发怒。查尔斯决定让自己永远保持理性与合乎逻辑，避免任何感觉。也就是说他在混乱的环境培养出只有理智没有感觉的策略，因为他只要一产生感觉就会受伤害、被批评或觉得不对劲。他学会隐藏所有感觉，尤其是愤怒。大人可以愤怒，但他不可以。

像查尔斯这样的人会寻找哪一种关系？他需要一个让他平衡的人——一个非常情绪化且勇于表达感觉的人！（男性似乎比较容易变成没有感觉的人，但女性也有可能。女性通常感觉比较丰富，因为成长过程中女性比较会学习认识与信赖自己的感觉。）

当一个情感丰富的女人嫁给像查尔斯这种隐藏感觉的人，她会想尽办法牵引出他的任何感觉。但她愈是这么做，他愈是专注于思想而非情感，而她的反应则是更加情绪化。这种婚姻关系可能会变得极端，一方负责全部的思想，一方负责全部的感觉。

多数人以为自己是因为“恋爱”而结婚。其实恋爱往往是一种不稳定的状态——甚至可能是情绪的病态！“恋爱”可能反映出彼此失衡的部分，而未必与爱相干。有些人其实是和自己否认或没有发挥的性格结婚，却称之为“恋爱”。

婚姻为何结束

这些调适策略与婚姻的结束有什么关系？

不妨把一个人的性格想象成一辆车，坐在驾驶座的是不健康的调适行为。你生命中的其他人都要忍受这种的驾驶方式，如果你的调适行为僵化，坐在车上的人当然痛苦不堪。如果“不健康的调适行为”导因于许多未获满足的需求，通常表现出来的行为便愈僵化。举例来说，如果驾驶员是一个过度负责的人，其他人都要忍受他的控制欲，学习做不负责任的人（如果他们还愿意留在车上的话）。如果驾驶员是一个习惯取悦别人的人，其他人必须不断指导他如何开车——一个取悦型的人很不喜欢自己做决定。

由不健康的调适性格去驾驶，或许有一段时间可以开得很顺利，但迟早会有一方开始厌倦这种失衡的关系。

南西是过度负责型的人，她厌倦了老是她在开车。她对配偶杰克累积了很多不满，因为他正代表了她不愿承认的那个部分。她眼中的杰克只知玩乐，不负责任，把担子都丢给她。他甚至无法让收支平衡，常常因存款不足而透支，有时候还会有人打电话来家里催债。南西决定结束婚姻。

像南西这类过度负责的人往往厌倦了这个角色而离开婚姻。至于像杰克这种不够负责的人，正可利用婚姻的危机警醒过来，学习做一个负责的人。否则他们可能会寻找另一个父母型的配偶，继续原来的互动模式。

如果杰克决定变得更负责，他可能会埋怨南西“不让”他成长，进而决定离婚。不够负责的人往往会变得叛逆、挫折、烦躁、愤怒，想要摆脱配偶令人窒息的行为。

如果南西没有把握机会检讨自己的调适行为，很可能会再找另一只流浪猫回家照顾，继续让她那过度负责的性格掌控方向盘。

当被问及使婚姻关系生变的第一个事件是什么，很多人提到新生命的诞生、妻子外出工作、丈夫换新工作、祖父母生病、遭遇天灾等。如果你再问如何适应关系的改变，他们通常会说已太僵化难以改变。生活中的重大变故确实常导致婚姻结束。

你的生活中是否也有某个事件导致婚姻关系改变，甚至结束？

责任的桥梁

读者不妨利用下面的比喻来思考“过度负责/不够负责”的婚姻关系。假想夫妻各据桥的一端，共同维护连系两人的桥梁。过度负责的一方（南西）是打扫桥梁的人，总是把整座桥扫得干干净净。不够负责的一方（杰克）则是坐在他那一端钓鱼。南西埋怨杰克老是在钓鱼，从不把自己那边的桥扫干净，杰克埋怨她从来不坐下来享受钓鱼的乐趣，更不必说因为一天到晚扫地，把鱼都吓跑了。

我们花了不少篇幅讨论过度负责/不够负责的调适行为，因为在布鲁斯亲自教导的2000名学员里，这是最常见的不健康调适行为，似乎也是离婚的主要原因。我们也可称之为亲子关系、照顾者/被照顾者的关系，或是酗酒者/协助戒酒者的关系。这是一种特殊的互赖关系，彼此依赖以维持某种平衡（或应该说不平衡）。你明白自己有那些调适行为吗？这些行为在掌控你的性格方向盘吗？你希望能自主选择由性格的其他部分来驾驶吗？你要如何改变，重新掌控自己的人生？

调适行为背后的感觉

过度负责的人常常会给别人他自己需要的东西。他自己的需求没有得到满足——通常源自不快乐的童年——以致发展出这种不健康的调适行为让自己感觉好一点儿。其他的调适策略也一样。要掌控你的人生，就要学习满足这些在成长过程中未获满足的需求，而首先必须了解调适行为背后的感觉。

例如茱莉分析自己的心态："我不要觉得被拒与被弃，如果我照顾他，他一定不敢离开我，也不好意思拒绝我。"也就是说，她照顾别人是为了减少被拒感。

韦恩告诉我们他照顾苏珊是因为："不这样做我会觉得愧疚。我只要为自己做点儿什么，内在批评的声音就会开始指责我太自私，为别人做得太少，付出的关爱不够。我对苏珊多付出一些，愧疚就少一点儿。"

恐惧被批评是调适行为背后最常见的感觉之一，比尔说："小时候有一两位长辈经常批评我，导致我心里有种焦虑。因为外在世界的不完美，让我感到恐惧，我只能努力让我的世界保持完美，我的调适行为就是为了让自己不那么害怕。"

接着是爱德华的故事："我只有在为别人做事时才觉得自己有价值。我的自尊比较低落，透过为别人付出的调适行为让我感觉好一点儿。小时候我没有感受到多少爱，因此我学会引起注意但不表露心声。我常会取悦别人，如果不取悦别人我就觉得自己没有价值。"

还有艾列克的自白："我的感觉是愤怒，但我不知道如何表达，甚至也不容许自己表达。我的调适方法是批评别人，我看到父亲从不表现出他的愤怒，但他经常批评人。我变成一个好批评好控制的人，以此掩饰我的愤怒。"

珍妮弗的经验是许多人共有的："我从小看着母亲照顾一家人，我不健康的调适行为就是她的翻版——以为女孩子就是永远要照顾别人。"

麦可也是以父母为楷模："身为男孩子，我从小看着父亲赚钱养家，也学会要拼命赚钱。对我而言，加班比陪家人更重要。"

与内在批判和平共处

多数人都有一个坚强茁壮的"内在批判"，且常常坐在"性格"的驾驶座上。它善于控制我们，就如童年时一些好挑剔的长辈对我们的影响。

当我们请学员替内在的批判想出一个名字时，多数人想到的是他们的父亲或母亲。的确，许多人都因受了父母的批评而发展出内在的批判声音。

毕薇莉说："我总把那个内在批判想成是我自己。"我们告诉她，一定要认清那只是她性格里许多部分的其中之一，内心一定要在"我"与"内在批判"之间画出一条清楚界线。认清这一点，你会发现它的影响力便小很多。认清这个自我批判小于我。很多人对它的反应和对父母的反应差不多。如果我们相信父母的批评是对的，往往便导致自尊低落。同样的，我们也可能相信内在的批评声，允许它一再压低我们的自尊。有些人会反叛父母，同样也会反叛批评的声音。

我们要记住，如果我们一直服从性格的某一部分，就会受它控制。反之，如果你觉得一定要不断抗拒某一部分，也同样受到控制。如果我们对父母的意见完全置之不理，可能也会对内在的批评声音置之不理。

你的反应又是如何？与你对父母的反应相同吗？你希望有不同的反应方式吗？要如何做？

与其否定或抛开内在的批判，不去听、不去注意或一味相信，不妨开始倾听它在说什么。你可以这样想：如果你一直忽略坐在你身边的人，他可能会愈来愈用力吸引你的注意，甚至会对你大吼大叫，或让你承受痛苦。

内在的批评比身旁受挫的人更具影响力，它就住在你的脑子里，当然也更难忽略！请你用心开始倾听，甚至把你听到的写下来。它使用的可能都是“你”开头的讯息：“你真笨！”“你怎么老做不好？”用心听，它终究会慢慢软化，因为它知道自己获得重视了。然后它开始使用“我”开头的讯息：“我喜欢你处理事情的方法。”这种说法多么具建设性，一旦被接受时是多么有价值。

每次这个批判的声音讲完时，你只须回答一句谢谢。

这代表你与“内在的父母”已能和平共处。内在的批评通常和小时候父母的训诲很相似，只要你用心倾听，开始接受它，它会变成一个健康的“好父母”。

帮助你掌控人生的功课

这本书及10周课程的重要目标是帮助你了解过去的关系出了什么问题，理清不健康的调适行为如何使你的人生失衡。下面的功课就是要帮助你重新找回平衡。

（如果你要改变与前配偶或新伴侣的关系，我们建议你阅读布鲁斯的另一本书——《Loving Choices》，内容探讨关系的后续阶段，并教导许多重要沟通技巧。）

如果在过去的关系里你的调适方法是过度负责，你可能是一个善于付出但拙于接受的人。你对别人很负责，对自己却不够负责。你必须学习施与受更均衡一点儿。

下面是你的功课：首先，请一个人为你做一件事。（有些人可能会立刻叫出来："我做不到！"因为你还无法抛开不健康的调适行为吗！）第二个功课是：当有人请你为他做事时说"不"。你明白这份功课的意义吗？这可以帮助你在施与受之间找到平衡。在做功课时你要注意自己是否有下列6种感觉：被拒、愧疚、恐惧、愤怒、自我价值感低落、无法停止模范行为。

但如果你的调适行为是不够负责，你不能光说不练，必须朝负责的方向做具体的改变。

戴维与我们分享他的功课。他的前妻是个责任感过高的人，两人离婚后，青春期的女儿生日时他会问前妻要买什么礼物。前妻当然继续扮演过度负责的角色，总是精确告诉他该买什么。他也继续不负责的行为，只是听命行事。结果前妻很乐于继续负责，女儿收到想要的礼物很高兴，戴维继续不负责。他告诉我们他的功课是："我自己决定女儿的生日礼物，没有问任何人就买了，那完全不是女儿想要的，但她们还是很高兴。"

如果你的调适行为是完美主义，你的功课是这星期起床后不要叠被子。（"我做不到。这样我整天都会想着房间有多乱，什么事都没办法做。被子没叠好，房间会很乱的。万一水管坏掉，工人去修理时看到怎么办？"你还没准备好改变吗？）

记得问自己在做功课时是什么感觉，如此你才能理清调适行为背后的感觉。

如果你的调适行为是取悦别人，你的功课是做一件让某人不悦的事。例如拒绝某人的要求，或是不要做你讨厌做但为了怕别人不悦而勉强做的事。如果我们直接指定功课，又怕你为了取悦我们而做，因此最好还是由你自己决定。记得要留意做功课时内心的感觉。

如果你的调适行为是只有思考没有感觉，你的功课是在未来一周里每天写10个"我觉得……"的句子。（这种句子叙述的是感觉，而不是思想。"我感到愤怒"、"我觉得困惑"。但不是"我觉得你不公平”，这是你的意见与想法。）留意你在表达感觉时有什么感觉！（关于“我的讯息”在“愤怒”一章有更详尽的讨论。）

如果你的调适行为是杂乱无章，让自己躲在混乱中，那么你的功课是每天列出“当日必须完成的事”。留意做功课时的感觉。

如果你的调适行为是叛逆，你的功课是列出10个“我是……”的句子。（这种自我叙述不同于一般的社会角色：你可以说“我是一个讨厌规则的人”，但不是写类似“我是俄亥俄州的居民”。）目的是让你找到自我认同，而不是让别人来掌控你的人生——这正是你觉得必须叛逆的原因。如果你的调适行为是一切由我决定，那么你也必须决定你的功课是什么！

用心倾听，栽培自己

这是给每个人的功课，即使你还不确定你是否有任何不健康的调适行为。请开始做一些让自己愉快的事：买份冰淇淋吃光光，再去接孩子放学；洗个长长的泡泡澡；读一本你很久以前就想读的书；培养新的嗜好；来个全身按摩；找个人照顾你一整晚；写下你最喜欢自己的20件事，贴在醒目的地方，直到你完全相信。

孩子的调适

这段路对孩子特别重要。前面说过，不健康的调适行为通常都在成长阶段发展完成，且通常是对父母的反应：因为我们的需求未能得到满足，因为恐惧，或是需要更多的爱与关注。

可以想见，当父母离婚时，孩子更需要发展出调适的行为。你是否注意过家中的长女与父亲在一起时往往扮演起母亲的角色？或是男孩和母亲在一起时俨然变成“一家之主”？当父母陷在离婚的谷底而变得不够负责时，孩子多么容易变得过度负责！

大人常因为自己需要变成小孩子，而鼓励孩子发展出不健康的调适行为。我们自己走不出来，需要有一个较“巨大”的人在身边。这种心态不难理解，但并不恰当。我们必须小心：不要利用孩子来满足自己的需求。

我们要鼓励孩子发展出独立的自我——勇敢地做自己，而不是做父母的照顾者。帮助孩子发展创造求知的部分，与内在的批评声音和平共处，学习将它当做友善的引导，追求负责独立的人生。

你表现得如何？

山径上的人群有些烦躁不安，很多人都急于上山。但在你出发之前，请先检视自己是否已做好准备。

1.我能了解自己的调适行为。

2.我决定善待自己，让自己变得更有弹性、更平衡。

3.我决定矫正不健康的调适行为并已做好功课。

4.我明白我的调适行为背后的感觉。

5.我了解自己内在有哪些健康的部分，并努力发挥出来。

6.我对婚姻结束的原因有更清楚的了解。

我从来没有这么寂寞过

当婚姻结束，感到极度寂寞很正常。

但只要你用心倾听自己的心声，

痛苦往往就是治疗的契机。

你可以学习从寂寞成长到孤独——学习自在独处。

● ● ●

寂寞

寂寞是一种病，在不知不觉中慢慢滋长，症状骇人。寂寞是遮掩一切的黑色帘幕，将你笼罩在悲伤里，急切地想要征服精神与情感的全然空虚……在一个无情的世界里。我患了叫寂寞的病，还在寻找解药……即使是一丝阳光也叫人安慰。因为寂寞会不断索取，取走你的一切，却只留下孤寂，仿佛世上只剩你一个人。

——伊　莲

我们在登山者里看到很多寂寞的人。有些人缩进自己的“壳”里，偶尔才探出头来一会儿，看起来悲伤而沮丧；有些人永远避免独处，总是牵着某人的手或跟在别人身旁；还有一种人总是忙忙碌碌，忙着做各种事情，以免面对寂寞；有些人表达愤怒的方式很像吸尘器——吸住周遭所有人来填补空虚；有些人则像冰山——尽可能靠近别人来汲取温暖，不管是谁都好。

寂寞诚然痛苦，但也是它启示我们有很重要的东西要学习。

忍受寂寞之苦的离婚者不知有多少，却常常被社会所忽略。很多人的寂寞从童年就已开始，一直持续到结婚以及离婚后。（这也是离婚的另一个理由，你还在探索原因吗?）如果寂寞是你多年来的绊脚石，这可能是登山过程中最关键的一段路。

当最亲近的人离你而去，那种寂寞最强烈。突然间再也没有人和你共食共眠，分享孩子成长的重要时刻。你已习惯家中有那个人的声音、气味、触感，现在却只剩下静默。屋子里有种奇特的空洞——即使是满屋子的小孩——仿佛有人敲了一下锣，却没有发出一点儿声音。你觉得全世界每个人听到、看到、感觉到的都和你不一样，朋友想要表达关怀，却只让你觉得很遥远，偏偏这正是你最需要真切友谊的时候。

你心里有个声音在说："缩回来，缩回来，这样你就不会再受伤害！"你想要与世人隔离——就像受伤的狗要找一个隐秘的地方独自舔舐伤口。然而同时你又渴望温暖，渴望变成孩子，找个"母亲"来照顾你。

有些人在婚姻里本来就感到寂寞，结束反而有种解脱感。但现在要面对的是另一种寂寞。以前他与配偶从来不曾真正亲密过，共同生活在一起充满痛苦、愤怒、挫折、疏离——还有寂寞。（这是另一种离婚的理由——你还在听吗?）结束婚姻固然得到解脱，但还是有另一种寂寞存在。

寂寞的三个阶段

很多重建方块都有3个阶段。寂寞的第一个阶段是退缩，真正或幻想把自己蜷缩起来。有些人会躲在家里，以免别人发现他的恐惧。有些人则是自怜自艾，希望有人来可怜自己。总之目标是不让别人知道自己受到多大的伤害，但要让前夫（妻）知道。

在这个阶段里，静默的空气不断提醒你那个人已经不在——真正不在了。这种静默有时会让人受不了，你无法专心阅读，电视太难看，做什么都提不起劲。但又有一种非得做什么的烦躁不安——但要做什么呢?

对某些人而言，这段时期退缩一些是合适的，不可否认，寂寞的人不是很理想的伴侣，对情感的需求几乎无法餍足，这种强烈的需求往往让朋友觉得窒息，没有自己的空间，无法扮演朋友的角色。有首古老的童谣说有百万、千万、亿万只猫互相蚕食，到最后一只也不剩。在这个阶段，亲近的朋友也可能“互相蚕食”，直到连友谊都不存。

人生往往像钟摆，从一个极端摆荡到另一个极端。很多人为了逃避寂寞，便从退缩变为第二阶段的“忙碌狂”，每天晚上都安排一项节目，遇到周末假日甚至要赶场。把所有时间都投入工作，宁可找各种借口加班，也不愿回家面对空虚。（他们可能在还有婚姻时就已是个工作狂，也许是怕回家面对寂寞的婚姻。不妨把这一点也记在你的笔记上。）为了驱赶寂寞，他们甚至会跟不喜欢的人出去。单身派对可以通宵达旦——因为谁都不愿独自回家！

其实他们是在逃离自己——仿佛内在潜藏着一个可怕的鬼魂叫“寂寞”。对一个真正寂寞的人来说，这个鬼魂可能开始成真。他们一天到晚忙得团团转，从来不会停下来想想自己在做什么，该往哪个方向走。其实他们根本没有往上爬，而是不停原地打转！（听起来是不是很熟悉？）

这个阶段的时间与强度因人而异，有些人可能只是想要忙一点儿，有些真的忙到连走路都得小跑。但不管是哪一种，到后来终究会倦了，开始想到人生应该不只是逃避“寂寞的鬼魂”。开始放慢脚步，进入孤独的阶段。

真的孤单一人了

当你一个人也能自在时就是到了孤独的阶段了——有个朋友称之为“完全一人”的阶段。你可能选择自己在家，坐在火炉边看书，而不愿和你不喜欢的人出去。内在的资源让你发展出足以自在独处的兴趣、活动、思想与态度。

“但我要如何才能到达第三阶段？”答案是你必须先正视寂寞，明白它只是鬼魂！你一直逃避、恐惧，但当你转过来大叫一声，通常这鬼魂便破功了。你已接受人都不免寂寞的事实，学会更自在与自己相处。

别忘了寂寞也有治疗的作用。独处一段时间有助于自省、思索、成长与发展内在的自我。然后空虚感慢慢消失，代之而起的是丰富与力量。当你能自在独处，不再依赖别人的陪伴，表示你已经朝向独立跨出一大步。

这个阶段里我们很希望你在寻找新恋情时要放慢脚步，你真的需要学习独处。更重要的是，为了逃避寂寞而在一起本来就不是展开新恋情的健康心态。在建立新关系之前先独处，甚至寂寞一段时间，其实有很大的治疗效果。

时间诚然是最好的治疗，一段时间的“寂寞”与“自我发现”正是你需要的药方，这是人生很重要的成长阶段。然后当时机成熟，你可以选择展开新恋情，而不是需要另一个人来帮你驱逐寂寞。

心理健康的人在和人相处与独处上会维持一个平衡，你也要找到属于你的平衡点。

那些寂寞的孩子

父母离婚后，孩子也会寂寞，内心深处也会和父母一样感到空虚，同样觉得需要和别人在一起来填补寂寞，但又怕和人太靠近。

小孩子可能会以为自己是全校唯一父母离婚的人，其实有些地方离婚率极高，当孩子告诉朋友父母离婚时，朋友的反应可能是：“终于也轮到你父母了，是吗？”但有些地方离婚仍是罕见的特例，孩子的确可能是同年级里唯一父母离异的。

就像父母一样，孩子的日常作息也会改变。在家里只有父亲或母亲可以陪他玩，哄他睡觉。当父母离开，孩子会感受到仿佛刚搬新家的寂寞。当孩子偶尔待在无监护权那一方的家里，可能没有熟悉的玩具或故事书。这个父母的新家通常并不是为孩子设计的，且可能在一个离朋友家很远的地方。

孩子也和父母一样必须调整心态，慢慢发展出健康的孤独感。孩子会发现他有足够的内在资源可以自在独处，而不一定需要别人陪伴。

很多孩子在父母离异前就已感到寂寞，因为家里的互动可能让他觉得没有归属感，离婚往往使这个感觉更强烈。但从另一个角度来看，危机或许也有助于直接面对问题。

在这个特别的时刻，父母要帮助孩子重新找到归属感，让他们感觉自己是被爱的，是新家庭里很重要的一分子。孩子需要你协助他适应单亲家庭、父母分开住、新的继父母或异父（母）兄弟姐妹。（我们必须再提醒你一次，不要太快发展新恋情！）

就像其他重建方块一样，当你在全力对抗寂寞时，可能没有足够的时间心力顾及孩子的需求。就好像飞机出状况时每个人都必须先戴上自己的氧气罩，你可能必须先处理好自己的重建方块，才能给孩子更大的帮助。

你表现得如何？

现在就花点儿时间检视你的独处能力。如果下面的问题你多数能坦诚答“是”，表示你已发展出健康的孤独感，可以准备往更高处爬。但如果还有三四点需要努力，请再花点儿时间重读本章，让自己学习自在独处。

1.我会留点儿时间给自己，不会一直埋头忙碌。

2.我不会工作到没有时间给自己。

3.我不会为了逃避寂寞而和不喜欢的人在一起。

4.我已开始从事有意义的活动。

5.我不再老是躲在家里。

6.我不再只为逃避寂寞而寻找新对象。

7.我从事自己感兴趣的事能得到满足感。

8.我不再逃避寂寞。

9.我不会让寂寞主宰我的行为。

10.我能自在独处。

我的朋友都到哪里去了？

救命型的朋友对你非常重要，可以缩短你调适危机的时间。

现阶段对你而言朋友比情人更宝贵，你可以和同性、异性发展出无性无爱的纯友谊。

对许多已婚者而言，离婚是可怕的威胁，因此你的已婚朋友可能会离你而去。

友谊

玛丽亚和我常和一堆朋友、家人在一起，假日常一起烤肉，或是去她姐姐家或和两三对夫妻朋友去野餐。我们离婚后，这些人都不曾打电话或来访。为什么我们恢复单身后，这些已婚的人都不和我们来往了？

——荷　西

在攀爬的过程里，你是否注意到人们面对朋友的态度很不相同。有些人虽经历离婚的痛苦，一路上坚持踽踽独行，这种人比较退缩，似乎和任何人相处都不自在。但也有一种人总是抓紧别人，仿佛一分钟都无法忍受自己独处。他们总是携手同行，甚至预先做好计划，以避免任何一段旅程落单。你会发现极少人和离婚前的朋友保持联络。

在这条路上我们特别需要寻找新的朋友，但在这个阶段要结交新朋友却又如此困难。

单身不是很棒吗？

当你的婚姻还在时，你看到朋友离婚是否感到一丝羡慕，渴望也能像他们一样参加各种有趣的活动，尤其是你的配偶不喜欢参加的活动？现在你自由了！“多彩多姿”的单身生活让你感觉如何？其实对多数人而言，尤其是刚离婚时，单身生活一点儿都不多彩多姿，而是绝对的寂寞与可怕！

寂寞的原因之一是我们失去了离婚前的朋友，理由有四：

第一，离婚后你突然变成一个合格的恋爱与结婚对象。以前你可以参加夫妻的派对，现在单身的你对已婚者已构成威胁，邀请函自然剧减。

布鲁斯刚离婚时和一个已婚妇女共事，离婚3个月后，有一天他走过这位同事身旁，她说："你离婚后看起来性感多了！"他说："我实在不觉得自己改变了多少，但你看我的眼光不同，感觉好像我是东西而不是人。"同事的称赞虽然让他有点儿受宠若惊，但被视为他人婚姻的威胁却让他不自在。

第二，离婚往往把朋友推向对立的两种立场。朋友通常是站在男方或女方那一边，鲜少两个都支持，不被支持的一方自然会失去对方的朋友。

第三，可能是最重要的，朋友可能担忧"这件事会发生在你身上，当然也可能发生在我身上"。你的离婚被已婚朋友解读为一大威胁，因而纷纷离去。你或许会有被排拒的感觉，其实朋友的态度反映出的是他们的问题更多过你的问题。很可能婚姻愈不稳固的朋友离去的速度愈快。因此你根本没有必要有被排拒的感觉，而应了解你的离婚让朋友对自己的婚姻产生危机感，离开你是因为害怕离婚像疾病一样会传染！

第四，已婚者代表社会主流价值的一部分，是传统生活的基石。离婚者则属于单身次文化——对多数人而言比较难以接受。在你自己成为单身之前，或许不太明显意识到单身次文化的存在。从主流价值退到单身次文化，确实需要经历艰难的适应期。

单身次文化里另有一套价值观与习惯。人们的生活比较"没那么严谨"，比较自由，就像兄弟会或姐妹会。在单身聚会里，"我离婚了”是很有用的开场白，而不会让场面变冷。如果对方刚巧也是离婚者，你们便有了共同话题。由于两种文化的习惯与标准迥异，离婚者刚开始往往不知如何进退，甚至会受到一些冲击。你可能会想：“有人改变了规则，我却不知道新规则是什么！”

建立友谊

重建友谊也有三个阶段。在第一个阶段里，你觉得很受伤、很寂寞、很沮丧，因此你总是尽量避开朋友，除非对方让你很有安全感。在第二个阶段你终于开始尝试去找朋友，虽然你还是很恐惧被拒绝。到了第三个阶段你开始能自在与人相处，你发现自己并没有问题，开始享受友谊而不再惧怕被拒绝。

刚离婚的人常会问：“离婚后我要怎么交朋友？我要到哪里找对象？”问题是很多人不只是享受交朋友的乐趣，而是急切地寻找新对象。你现在的目标应该是多认识朋友，其中有些人可能会成为你的好朋友，甚至新恋人，但一定要耐心点儿，慢慢来。先拓展你的交友圈，你在很多地方都可能认识新朋友：商店；教会；学计算机、网球、陶艺、烹饪、语言、个人成长的课程；社区团体；义工团体；图书馆；职场上，甚至是在公园遛狗时。

如果你在交朋友时真心对别人感兴趣，你会传送出特定的“振动讯息”，引起别人的响应。但如果你给人的感觉是寂寞、迫切、需要别人，恐怕不会吸引多少朋友。

我们所说的“讯息”包括你的身体语言、走路的姿态、语调、眼神、穿着打扮，以及所有表达感觉的细微方式。在单身次文化里，有经验的人很容易从非语言的讯息判断你是否单身。即使你不是有意的，还是会传送出某些讯息。你是否期望别人来认识你？

当你准备好交新朋友而且也觉得很自在时，或许可以参考下列的步骤。很多人参加“费雪离婚调适与个人成长课程”或其他类似课程后，都找到了重建的方向。参加这类团体往往可以建立非常深刻有意义的友谊，那是你以前没有想象过的。请查询住家附近的学校、青年会、心理健康中心、婚姻咨询中心、心理学课程等。

如果你找不到这样的课程，也可以自己找5~10个有兴趣阅读并讨论本书的男女。约定好到某人的家去，安排一次读书会，一次轻松的聚会，有时集体讨论，有时只是纯聊天，分享彼此的心情与感受。最好是找彼此不认识的人，如此可避免落入以前的八卦模式。这种讨论团体或许会在你的离婚过程里留下最难忘的记忆。事实上在全美国（及其他国家）有数以百计的类似团体，每周定期聚会讨论本书。

在这个实时电子交友的时代，我们有几句话要提醒读者。网络上有成千上百的机会可以认识人：聊天室、嗜好团体、单身网站……网络交友确实很诱人，但可能会使你忽略周遭的交友机会——后者才是你真正需要的。（别忘了电影《电子情书》之所以有圆满的结局，是因为男女主角都按照剧本演出！）有不少电影描写伊妹儿恋情，也确实有少数人（极少数）能从虚拟世界延续到真实人生。但研究显示这种成功的案例还是很少，把时间（和幻想）投注在网络上很可能会耗损你在真实世界的成长。不妨运用网络来收集信息，分享观念，拓展视野。但不要以此为主要的交友管道，更应绝对避免从中寻觅爱情。正视你的恐惧，在周遭的世界里寻找友谊，这才是真正能让你有所收获而且比较持久的方式。

还不是谈恋爱的时机！

有一个观念我们觉得非常重要，务必特别强调：

除非你在情感上已完全结束前一段关系，我们建议你不要展开长期认真的情感。

太早开始新恋情往往会将前一段的问题延续到下一段，新的结婚对象可能和前一个一模一样或完全相反，结果很可能再出现同样的问题。

健康的离婚过程应该是“学习做一个独立的人”。很多人在结婚前从不曾学习独立，而是直接从原生家庭进入婚后的家庭。如果你没有学会做一个独立的人，很容易便躲进另一段感情里。一个人在结束关系时情感的需求特别强烈，可能会很想要寻求另一个人的安慰。但有句话很有道理，当你准备好单独面对人生，你才能准备好进入婚姻。

然而你确实需要朋友，需要以友谊为基础与潜在对象建立关系。如果这是坦诚互信的关系，彼此有良好的沟通，且双方都有追求个人成长的机会，或许可以帮助你尽快完成离婚后的调适。

有时候你很难判断目前的关系是否会限制你的个人成长。也许最好的判断标准是问你自己：“我是否在学习做一个单身者?”如果你发现在新的关系里逐渐丧失自我认同，应该及早抽身。（然而这往往知易行难！我们要再强调一次，先让自己站起来是最重要的!）

关于成长型关系在“成长型关系”一章有更详尽的讨论。

我们不能只做朋友吗?

也许你从来没想到一个很好的观念：你可以和异性发展出亲密的纯友谊！你可能先试验和对方做朋友，但态度很谨慎，因为你害怕彼此变得太亲密。这段友谊愈来愈重要，你突然发现自己非常想要继续维持下去。但内心深处你有种感觉，两人的友谊一旦掺入性与爱，就不再那么特别、那么有意义了。但你真的很希望继续和对方做朋友，也愿意投入相当的心力让感情继续成长。这样的友谊让你感到自由而愉快，同时也打破了两性之间没有纯友谊的神话。

很多人都说纯友谊会破坏婚姻，但现在你知道这很荒谬。俗语说朋友的种类就像蔬菜一样多，蕃茄不可能变成葫芦！只要你愿意，你可以学习到新东西让未来的婚姻更丰富。拥有两性的朋友正是健康婚姻的一个指标。

不过，当你在努力发展新友谊时，可能在单身圈里听到许多对婚姻的负面评价。有些人大声怒吼着一辈子再也不结婚，罗列出婚姻的所有痛苦与负面因素。如果有人决定再婚，甚至会收到他们所寄的哀悼卡！你必须明白，这些人深感婚姻是一大威胁，正如对有些人而言离婚是一大威胁。也许一次痛苦的婚姻让他们相信再也不可能拥有幸福婚姻，以致将这种偏见投射到别人的婚姻上。

确实有很多人在婚姻里不快乐，但往往是因为个人的性格所致。有些人无论在哪里都不快乐，和婚姻的状态没有多少关系。毕竟婚姻的快乐程度乃是两个人的快乐总和。

建立朋友的支持网络可以缩短危机的调适时间。我们都需要在觉得“将溺毙”时有个朋友可以丢下一条救命的绳索，一个可以谈话的朋友就等于是危机时的“救生圈”。如果你还没有这样的支持网络，你应该开始建立——将来也许会救你一命。

孩子也需要朋友

孩子也可能有交友的问题，会感到孤立和“与众不同”。在比较保守的地方，孩子可能以为他是全校唯一父母离婚的人。他可能不知道别人的父母也离婚，一方面因为孩子不太可能和别人谈起这个话题，毕竟这对他而言是痛苦的经验。当然，孩子也可能坦白对朋友说：“你知道吗？我爸妈离婚了！”朋友可能回答：“欢迎加入我们的行列！”在现在的社会里这是很可能出现的对话。

正如父母往往只和离婚者或单身者交往，孩子也可能开始寻找其他单亲家庭的孩子做朋友。有的孩子可能和父母一样开始退缩，不再交朋友。孩子在这个痛苦的适应期里，很需要有人可以谈话，但可能不容易找到对象，或者不易和人讨论私人问题。学校方面也很关切这种情形，通常设有辅导老师关心这些封闭自己的孩子——不管是因为父母离婚或其他原因。这种机制对经历创伤的孩子帮助很大。（最重要的是可以避免悲剧性的毁灭行为，就像近几年来偶尔出现震撼社会的新闻。）

我们必须多了解孩子在这个过程中的需要，并给与适当支持，例如鼓励孩子多参加社团或其他活动。有朋友谈心可以缩短孩子的调适时间，就如成人一样。

你表现得如何？

现在你应该坐下来休息一会儿，看看你周遭的人。你有多久不曾对他们本身感到兴趣，而不是只把他们想成已婚者、潜在对象或让人害怕的人？有任何人让你想要和他做朋友吗？如果有个朋友和你握手同行，偶尔拥抱一下，在你滑跤时拉你一把，你会发现这趟山路好走一些。何不现在就开始用心培养友谊？如果你害怕被拒绝，请记住对方也许和你一样需要朋友！

再继续阅读下一章以前，请利用下面的问题评量你的进度。别忘了，友谊不会从天上掉下来——就像任何有价值的东西一样，友谊需要努力去培养！

1.发生危机以来，我采取很多新方式和朋友联系。

2.我至少有一位可以救命的同性朋友。

3.我至少有一位可以救命的异性朋友。

4.我很满意目前的交友状况。

5.我有了解我的知心朋友。

6.别人喜欢和我在一起。

7.我有单身和已婚的朋友。

8.我和一位重要的朋友谈过本书的观念。

9.我常和一位知心朋友讨论重要的想法。

抛弃者与被抛弃者

抛弃者主动结束婚姻，被抛弃者被动接受。

两者的调适过程大不相同，因为前者愧疚感较强，后者被拒感较强。

前者还未离婚前就已开始调适，后者要到离婚后才开始。

至于双方共同决定离婚的人，调适过程相对较容易。

愧疚与被拒

我笑得好厉害……
这是我听过最好笑的笑话：
“他不爱你。”
更好笑的是，
当你告诉自己：
“我不爱你。”
我笑得不可遏止，
整个房子为之震动，
终于垮下来压在我身上。

——梅　根

在开始爬山之前，我们要先解释接下来的行程。本章的4个主要概念关系非常密切，甚至可能让人产生混淆。我们将离婚剧里的两个主角界定为抛弃者与被抛弃者，并探讨离婚的创伤所带来的两种强烈感觉——愧疚与被拒。

我们注意到在这段路上也有各种人，有些人惊吓地躺在地上，情感的创伤一时还无法恢复过来。有些人满脸愧疚地走过，努力不去看躺在地上的人。还有些人正和前夫或前妻手挽着手一起走呢！（这些人到底在干什么?）每个人脸上都流露着悲伤。

躺在地上的是被抛弃者，自以为在婚姻的路上走得很愉快，突然有一天配偶说他要离开了。有时候被抛弃者会感受到一些讯号，有时候却毫无预警，但无论如何都很难接受婚姻结束的事实。满脸愧疚的是抛弃者，他们想要离婚已有一段时间了，可能长达一两年，但一直无法鼓足勇气提出来，因为他们知道离婚将对配偶造成很大的伤害。他们的眼神尽量避开躺在地上的人，因为那会引发更强烈的愧疚感。他们通常是脚力比较好的登山者，因为还未离婚前就已思考过这段旅程了。

那些手牵手的人是共同决定结束婚姻的，但这种人非常少。很多人会奇怪，既然是这么好的朋友为何要离婚？他们可能在一起非常不快乐，希望分开后两个人都会更好。这些人比较善于登山，因为他们不像抛弃者与被抛弃者经常互相牵绊，或一心想着“绝不能让前夫（妻）走在我前面”。

在进入讨论之前，且容我先将本章的内容做一个稍嫌简化的浓缩。

抛弃者是主动离婚的人，常有强烈的愧疚感，被抛弃者则是想尽量抓住婚姻，常有强烈的被拒感。

事实当然不只这么简单，接下来会有较详尽的讨论，但读者至少可以对未来的行程有大致的认识。

痛苦的被拒感

几乎每个人多少都有过被抛弃的经验，当然没有人会喜欢被拒的感觉。被拒绝的人会常常反省自己有什么地方不好，这种自我检视会让你更了解自己，例如你明白自己应该改变与人相处的方式。无论如何，你应该认清一个事实——任何关系（尤其是婚姻）的结束必然会有被拒的感觉。

要克服被拒感，首先应体认婚姻的结束不一定是我的错。在前面的旅程里我们探讨过，每个人都会将很多过去的因素带进婚姻，这些因素会决定婚姻的走向。婚姻结束并不一定代表我不够好或我有问题。总之，两个人在一起的确可能无法白头偕老，但结束未必是因为任何一方不够好。

你的目标是告诉自己："我们之间确实有问题，但不是因为我有严重的问题。如果我们终究走不下去，他的损失和我一样多，甚至更多。"这个目标并不容易达到，也许你一时之间还无法承认双方都有责任，但绝对不可气馁。

你是一个有价值的人，有爱人与被爱的能力。你有很特别的东西可与人分享，那就是你独特的自我，你一定要相信这一点。有一天你甚至会认为，怎么会有人舍得离开我这么好的人，简直是有问题！

一点点愧疚感是好的

接下来再谈愧疚。乍听之下或许有些奇怪，但理想的状况是人格里有"适量的愧疚感"。如果一个人毫无愧疚感，就没有任何事可以阻止你做出伤害自己或别人的行为，在面对人生的许多决定上，愧疚感是有帮助的。问题是有些人因愧疚感太强而变得太压抑，无法真正追求快乐，最好是维持"恰如其分"的愧疚感，既能确立方向又不会严重限制个人的选择。

结束婚姻能让人务实地面对愧疚感。抛弃者的感受往往更为强烈："我感觉糟透了，我伤害了一个曾经爱过的人，如何才能满足我自己的需求而不要有那么深的愧疚？"愧疚或愧疚的倾向似乎深植于性格的一部分，很不容易克服。最好的方法是理性思考离婚：这时要诉诸理智而不是感情（与愧疚）。结束也许是最恰当的，因为婚姻已经对彼此都造成伤害。与其沉浸在愧疚里，你应该告诉自己，"这或许对彼此都是最好的决定”。

解决愧疚感的一个方法是被惩罚。布鲁斯是一个中学老师，他记得有一次把一个做错事的七年级生叫到礼堂训斥到他哭出来。布鲁斯觉得自己似乎太凶了，没想到当天放学后那个学生跑来教室找他，那神情仿佛布鲁斯是他很久没有见面的好友。他很感谢布鲁斯的惩罚帮他克服了愧疚，布鲁斯会为他的行为设限，注意到他做错事，这是关怀的表现，而且惩罚他可以让正义得到伸张。

一个人感到愧疚时常会惩罚自己来减轻愧疚感，如果你在离婚过程中故意让自己痛苦，也许应该检视你的动机是否为了减轻愧疚。

愧疚的产生通常是因为没有达到一定的标准。如果这个标准是你自主选择，没有达到而些微感到愧疚是健康的。但如果这标准乃是别人、社会所设定，你的愧疚感恐怕不太有建设性。给自己一个机会吧！要符合自己的标准已经很难了，你不能期望让每个人都满意。

你可能会悲伤地说：“但维持婚姻是我自己的标准，我没有好好维持住婚姻，因此我感到愧疚。”我们能理解你的心情，但请别忘了你也是凡人。没有人是完美无缺的！也许你应该从另一个角度思考愧疚的问题，想出更有意义的应对方法。

不妨试试这个想法：“我们未能营造一个让双方都满足快乐的婚姻，似乎我们对如何‘相爱与沟通’学习得还不够。”

还记得以前在学校的临时抽考吗？你也许考得很差，心情很坏。但你并不是那一科全不行！同样的，成年的你可能因婚姻失败而沮丧，但也许你可以从这次的经验中学习，下次做得更好，甚至可能帮助你的配偶也学到一些东西。如果你能接受眼前的些许愧疚感是健康的，或许可以让自己变成一个更好的人，将来可以营造更健康、更有意义的婚姻。

不同的愧疚感

我们可以将愧疚感大约分成两种，一种是适当的愧疚，一种是每个人都有的无特定对象的愧疚。第一种是你做错事或伤害别人时的感觉，因为你违背了自己的标准或价值。当婚姻结束，因为伤害自己或对方而感到愧疚很自然，这你可以努力克服。

但也有人长期怀着愧疚，而且通常从童年时期就开始累积许多未表达的愧疚。当发生某个事件触及这潜藏的部分时，便会引发极强烈的愧疚感，甚至因此感到焦虑与恐惧。这种愧疚感会让人觉得沉重到几乎难以负荷，因为它似乎没有与任何东西直接相关，本身就是那么庞大与沉重。

如果你心里怀有这种无特定对象的愧疚，可能需要心理医生来帮助你减轻与控制愧疚。就像前面说过的，离婚的危机也可能激发你去处理这个长久的问题。

“接纳”是面对被拒与愧疚的重要过程。在费雪离婚课程里，我们很鼓励大家接纳自己的感觉，也鼓励成员互相表达强烈的支持。如果周遭的人都能接受你、支持你，被拒的伤害很快就能复原。因此，找一个接受你、支持你的朋友，参加互助团体，对你的心理治疗很有帮助。

被拒、愧疚与尊重自己、爱自己的感觉有密切的关系，在后面的旅程里会有更详尽的讨论。当尊重自己与爱自己的感觉获得提升时，生命中不可避免的被拒经验对你的伤害会减少很多。

你是抛弃者或被抛弃者?

在布鲁斯的离婚课里，约有半数的人自认是被抛弃者，1/3自认是抛弃者，其他人认为分手是共同的决定。我们不知道社会上一般离婚者的比率是否如此，当然，理论上抛弃者与被抛弃者的人数应该一样，但在某些情况下一方觉得被抛弃，另一方（通常是个不希望感觉太愧疚的抛弃者）却认为是共同的决定。

对抛弃者与被抛弃者而言离婚过程极不相同。根据“费雪离婚调适量表”的研究显示，被抛弃者在离婚时比较痛苦，尤其是在“放开”与“愤怒”的部分。但如果连离婚前的心态也考虑进去，抛弃者的痛苦可能更甚。他们在婚姻结束前就已开始放开，往往自己从夫妻的角色转化为朋友的心态。相反的，抛弃者在婚姻结束时通常却仍深爱着对方。（共同决定者的情况类似抛弃者，但悲伤程度较低。）

有少数人对“抛弃者”与“被抛弃者”的说法强烈反弹，无法感受其中的一丝幽默。他们通常无法接受离婚的事实，更不能接受自己是抛弃者或被抛弃者。但使用这两个词有其意义，事实上几乎所有关系的结束都蕴含这两种角色。如果你能认清自己所扮演的角色，复原的旅程会走得较顺利。

不过你可能不知道自己究竟是抛弃者或被抛弃者。第一，你可能从来没想过。第二，两个角色可能互换。

举例来说，乔治和玛格丽特是青梅竹马，中学毕业不久便结婚。婚前婚后乔治都经常拈花惹草，有时会离家一段时间，看起来就是个想要离开婚姻的抛弃者。最后玛格丽特终于忍无可忍诉请离婚，从此乔治的言行立刻变成一个被抛弃者，两人的角色互换。

你可能会问，是否诉请离婚的人就是抛弃者？答案是不一定。那么抛弃者的男女比例如何呢？一般大众的情形如何不得而知，但在我们的离婚课里男女比例是一样的。

抛弃者的语言

要判断一个人是抛弃者或被抛弃者，语言是很重要的线索，尤其是一个人所提的问题。很多人会惊讶于我们的准确判断（你会读心术吗），其实是因为两者所使用的语言截然不同。

抛弃者的用语大约是："我需要时间和空间让自己想清楚。我需要走出婚姻，给自己时间和空间。我对你有感情，但还不够爱你到相守一生。不要问我为什么不能爱你——我只知道我必须离开。我很不想伤害你，但我别无选择，因为留下来也会伤害你。我们不能只做朋友吗？"

被抛弃者的用语大约是："请不要离开我！你为什么不再爱我？告诉我我哪里做错，我一定会改。一定是我哪里有问题却不自知，请告诉我。我以为我们的婚姻很美满，我不明白你为什么要离开。在你离开之前请再给我一点儿时间。我愿意和你做朋友，但我真的很爱你，请不要离开我。"

抛弃者可能会回答："长久以来，我一直试着告诉你我不快乐，我们必须改变。你都不听。我已经试过各种方法，再也没有多余的时间了。你不要一直拖住我，我只想和你维持朋友的关系。"

这时被抛弃者觉得受到伤害开始哭起来，两人开始省思问题所在："我为什么不值得你爱？""我们的婚姻为什么必须结束？"通常被抛弃者会否定很多感觉，争取到一些时间慢慢从惊吓中恢复。这个阶段被抛弃者承受很大的痛苦。

上述的用语很普遍：几乎所有的抛弃者与被抛弃者都是同样的说法。其中明显会提到时间的问题，抛弃者声称已经试了"几个月，甚至几年"改善问题，期间经常想到离婚。但被抛弃者没有意识到对方的不满，或许是因为他在离婚前很长一段时间就开始抱持"否定"心态。而当抛弃者表明心意后，被抛弃者真的开始否定有任何问题存在："我们的婚姻是那么美满！"

请注意两者强调的重点也不同。抛弃者重视的是个人成长："我需要时间想清楚。"被抛弃者则想要改善两人的关系："告诉我哪里需要改，给我时间改变。"仔细凝听被抛弃者用哪些话表现受伤的情绪，你能听出背后的愤怒吗？不过这时候他还不会明显表现出来，因为离婚还在蜜月阶段。

这个时期抛弃者因愧疚感而表现超友善，对配偶几乎是有求必应。被抛弃者则有被拒感，急切要拉对方回头，深恐表现出愤怒会把对方推得更远，因此表现也是超友善。但到最后抛弃者的愧疚感与被抛弃者的被拒感都被愤怒取代，"离婚蜜月期"于是结束。这段时期通常在分手后3个月开始，但各人差异可能很大。"理想的法院协议"通常是在这段时期达成的，这时抛弃者因愧疚而愿意放弃一切，被抛弃者因为希望对方回头而愿意接受一切。前者的想法是："我只想离婚，财产怎么分配我都不在乎。"后者的想法是："我什么都不要，只要他回头。"

假设你有兴趣听听的话，有一种方法可以改变蜜月期的长短。如果被抛弃者可以快些表达愤怒，双方感觉都会比较好，从而缩短调适的时间。抛弃者会因对方的愤怒而减轻愧疚，被抛弃者则因表达出愤怒而纾解部分沮丧，因为有些沮丧就是压抑愤怒的结果。不过蜜月期不一定都能缩短，因为抛弃者可能需要愧疚一段时间，被抛弃者需要一段时间沉浸在被拒与沮丧的感觉。走出这些感觉总需要时间。

有一种练习可以帮助你了解这两种角色。找一个朋友陪你做角色扮演——你们其中一人扮演抛弃者，另一人扮演被抛弃者。两人站在房间中央，抛弃者使用抛弃者的语言说话，然后走出房间。被抛弃者紧跟在后，努力要留住他，使用的当然是被抛弃者的语言与行为。接着两人角色对调，如此你可体会两种角色的心情。

这个练习有很强烈的象征意涵。抛弃者眼睛看着门，一心想要出去，被抛弃者看着他的背，一心想要留住他。（有些被抛弃者会跟着对方走出房间，跟到汽车旁，甚至抓住车门不放。）当你扮演抛弃者时是什么感觉？你觉得愧疚吗？感觉对方一直要拉住你吗？你很不愿意回头看他吗？你的眼睛一直盯着门吗？你想加快脚步甚至跑吗？

扮演被抛弃者又是什么滋味？你希望对方看看你吗？你真的很想伸出手抓住他吗？你想哭着哀求他不要走吗？看着他走出房门你感到被拒与寂寞吗？你感到愤怒吗？

好消息与坏消息

下面我要冒着让读者更混淆的危险，再将这两种角色做进一步分类。我所使用的形容词可能比较强烈甚至具批判性，但很有助于了解抛弃者与被抛弃者的定义：抛弃者有好与坏两种，被抛弃者也有好与坏两种。

好的抛弃者会尽力让婚姻维持下去，因此他愿意改变，愿意投资时间与心力，必要时也愿意参加婚姻咨询。但最后他发现继续下去对彼此都有害，不健康的关系最好还是停止。他有足够的勇气与力量去结束，因为结束婚姻确实需要很大的勇气与力量。

坏的抛弃者很像逃家的孩子，他相信邻家的草地比较绿，只要走出婚姻就会过得更快乐。通常都有另一个人在等着接受他。他不愿面对自己的感觉，也不愿思考是否有哪些心态需要改变。他通常会快速离开，没有道别或解释。

好的被抛弃者抱持坦诚的心态，愿意为婚姻努力，必要时愿意接受咨询。他们很少外遇，可能也很努力与配偶沟通。他们并不是“无辜的受害者”，多少也要为婚姻的问题负一份责任。基本上他们只是恰巧身处错误的时间与地点，碰巧配偶感受到某种内在的冲击而必须离开。

坏的被抛弃者想要离婚却又鼓不起勇气与力量抛弃对方，让对方在痛苦不堪的情况下扮演抛弃者的角色。

不过很少人确切属于任何一种，多数人都是两种的组合。

也许我终究还是会回头！

抛弃者与被抛弃者之间还有一个重要的现象，就是“痛苦的循环”。婚姻刚结束时抛弃者的痛苦比较少，被抛弃者感到巨大的痛苦，却也因此受到激励而有快速的成长与调适。当他调适到很好的状态，抛弃者往往会回头要求复合，这真让被抛弃者感到情何以堪。高登叙述他的心情：“我耗费全部心力学习接受婚姻的结束，正当我已完全放弃任何复合的希望，妮塔竟然打电话来了！”这种现象可以有不同的解释：也许抛弃者发现刚离婚时的快乐很快就消失了，恢复单身只让人觉得害怕，相较之下原来的婚姻是那么安全可靠。“外面的世界只有差劲的对象，相较起来原来的配偶还是比较好。”另一种解释可以一个被抛弃者的愤怒作为代表：“她把我抛弃了，现在却要我来扮演抛弃者好分担她的愧疚感！”很多抛弃者都是在被抛弃者成功“走出来”的时候回头，从这一点应该可以找到最合理的解释。也许当妮塔不再感到愧疚，不再觉得有责任让高登依赖时，反而觉得可以自由回来重建更平等的关系。

一般而言，被抛弃者都不会接受对方回头，他发现自己也可以过得很好，单身有单身的好处，追求个人成长的过程也带来充实感。多倾听被抛弃者谈话会明白他的婚姻问题出在哪里，只有刚开始时他才会一味否定有任何问题存在。“现在我明白那些年的问题在哪里了！我看妮塔也没有多少改变与成长，我何必吃回头草？”这时候抛弃者变成了被抛弃者！

被弃者的忧郁

无怪乎抛弃者与被抛弃者很难一起努力！两者调适的时间根本不同，抛弃者通常在离婚前就已开始调适。两者的感觉也不同，抛弃者通常有较强烈的愧疚感，被抛弃者则是被拒感较强。（不过不管你是抛弃者或被抛弃者，你可能两种感觉都有。）两者的心态也不同，抛弃者感受到离开的压力（为了追求某种“自我成长”），被抛弃者则深恐婚姻结束。抛弃者已经抛开了很多东西，被抛弃者却还紧抓不舍，因而造成沟通与互动的困难。这些心态与行为差异使得双方的调适过程更加痛苦。

但最后我们要补充一点。两者虽然在心态与调适的时间上有所不同，基本上并没有很大差异。通常两者对婚姻问题要负同等责任。事实上两者甚至连心态的差异也不是那么大。当被抛弃者谈起婚姻的问题，所说的内容几乎和抛弃者所说的一模一样，只是使用的语汇不同罢了。基本上，两者最大的差异还是调适的时间。

这段讨论可能刚开始会让读者觉得有点儿混淆（你不妨再读一遍），但应该可以让你更了解愧疚与被拒感的影响。理智的了解通常是第一步，然后才能产生情感上的了解。婚姻结束时会有愧疚与被拒感很正常，也很常见，事实上你以前可能都有过这两种感觉。婚姻的结束常会使这两种感觉加倍放大，多一分了解将更能帮助你做好心理准备。

不要抛弃你的孩子

抛弃者与被抛弃者的观念对孩子有不同的意义。孩子通常对决定离婚的一方感到愤怒，很难和他维持关系。他们将离婚的责任归咎于抛弃者，因而将所有的痛苦与挫折发泄在他身上，却没有想到其实抛弃者与被抛弃者的差异并没有那么大。两者都要为离婚负责任，只是责任各不相同罢了。

其实离婚之子几乎都可视为被抛弃者。他们无法参与离婚的决定，因此很容易产生有如被抛弃的挫折与愤怒。但他们与被抛弃者又有一点儿不同，他们通常都能意识到婚姻将要结束——甚至比父母还更早意识到！

孩子也有被拒与愧疚的问题，他们可能自认为要为父母的离异负责而感到愧疚。父母应该让孩子了解离婚是大人之间的问题，不是他们的错。

孩子常会有强烈的被拒感，因为父母之中会有一个人离开，感觉起来就像在排拒孩子。这种被拒感往往对孩子造成深远的影响，甚至延续到成年之后。有些人一直未能走出父母离婚的阴影，到后来会发现自己的婚姻也受到伤害。

因此务必让孩子知道他们毋需愧疚，不必为父母的离婚负责，更没有遭到排拒。如果父母离婚后仍能维持高品质的亲子关系，孩子将比较能面对这些感觉。

你表现得如何？

现在我们先坐下来休息一下。也许你想要思考抛弃者与被抛弃者之间的差异，想要了解双方的感觉与心态。也许你原本以为自己是抛弃者（或被抛弃者），读完本章后有了不同的看法。无论如何，请停下来思考双方对离婚事件的不同解读。希望这一章能帮助你更了解你的婚姻为什么结束。思索一下下面的问题，打起精神继续往上走！

1.我不再因为强烈的愧疚或被拒感而难以承受。

2.我能够接受自己是抛弃者、被抛弃者或共同决定离婚者。

3.我思考过自己是不是一个好的抛弃者（或被抛弃者)。

4.我明白作为抛弃者未必要有愧疚感。

5.我明白被抛弃者也未必要有被拒或不值得被爱的感觉。

6.我明白抛弃者与被抛弃者在行为与感觉上有何差异。

7.我明白抛弃者与被抛弃者同样感到痛苦，虽然痛苦的强度与时间可能不同。

8.我明白自己在某些部分是抛弃者，在某些部分是被抛弃者，多数离婚夫妻都是如此。

9.我明白抛弃者与被抛弃者的概念在离婚时才具意义，随着我不断成长，这个概念已愈来愈不重要。

10.我检视自己的生命模式，思考自己的行为是否深受愧疚或被拒感掌控。

11.我正努力摆脱愧疚或被拒感对我的影响。

可怕的失落感

悲伤是离婚过程中很重要的一环，你必须好好处理悲伤的情绪，才能放开逝去的感情。

理性了解悲伤的阶段有助于情感的接受，然后你可以放心地尽情悲伤。

• • •

悲伤

周末是……

所有寂寞的光阴倾入记忆，
所有寂寞的思想投入遗忘，
愈是想遗忘，愈容易记起。
过去不曾死去，未来无法活着，
现在却真实存在。
连静默都如此刺耳，要到哪里寻找心灵的平静?
寂静是周末，周末是地狱。
醒来面对真实吧——但为什么要面对?
周末迫使人面对现实，等待周一再逃避。
周日——那是俪影成双的日子，
一个人既无意义也无价值。
周日——是身体休息的日子，
但如何将心灵关闭?

——“蜜　糖”

现在我们要进入旅程中最困难、最耗费心力的一段。一路上只见许多人坐在路边哀哀地哭泣，有些人会停止一会儿，然后突然又哭起来。有人试着安慰他们，但似乎有些不自在，也不知道该如何安慰。

这究竟是怎么回事?

这些人正处于悲伤的阶段。当我们失去生命中重要的人或物时就会感到悲伤。也许你就像参与离婚课程的许多人一样，并不知道悲伤是离婚过程的一部分。当有人去世，我们有固定的仪式，有具体的棺木，心理上也认为悲伤是理所当然的。离婚却没有固定的仪式，除了到法院出庭，因此悲伤往往没有受到认可或接受。但婚姻之死绝对让人有足够的理由悲伤。

悲伤的许多面貌

婚姻结束时我们会失去很多东西，最明显的当然是配偶，这也是很多人悲伤的理由。此外我们还失去很多：共同的未来计划、夫妻关系、丈夫或妻子或情人的角色、婚姻所带来的地位。当你从已婚者过渡到单身者，很多事情会改变。对有些人而言，失去婚姻关系和失去配偶一样重要。

你会失去你的未来。结婚时的誓言“直到死亡将我们分开”，两个人有许多共同的计划、目标、合作的事业、代表家庭的房子。现在这些人生的未来都不存在了，这是很难承受的失去，需要很长的时间才能走出来。

婚姻结束的痛苦往往迫使我们面对过去的伤痛，很多人在面对亲人死亡或其他失去时并没有充分表达悲伤。而重温过去的伤痛，特别是不曾处理的伤口，可能使离婚的悲伤过程更难以承受。

同样的，过去未获满足的情感需求，例如童年时没有得到关爱，在离婚的悲伤期可能变得特别显著。阿丹告诉我们，他在离婚过程中常梦到童年的农场生活，后来在离婚课里谈到悲伤他才恍然大悟，原来他是在为童年的不快乐悲伤。

很多人离婚后必须离开家，也就可能必须为失去的房子悲伤。单亲父母可能要为失去孩子悲伤，孩子要为失去房子、父母、家庭而悲伤——这些都是离婚的必经过程。

悲伤的寓言：V形图

布鲁斯很喜欢用所谓的“V形图”理论帮助别人了解悲伤，内容大约是：

从前有一个人叫贾特，过着幸福的日子，浑然不觉头顶上有一朵乌云。突然间乌云下起雨来，贾特的情人离他而去。痛失所爱的贾特不慎跌下陡坡，一路翻滚，漫长不见底。可怕的跌落过程中完全无一物可以攀附，身体碰撞得疼痛极了，最后终于跌落在柔软的彩虹上。贾特游目四顾，发现有道梯子通向有阳光的地方。这梯子刚开始很难爬，但愈往上爬愈轻松愉快，最后贾特开始有重获新生的美好感觉。

你或许想知道贾特爬的是什么梯子，因为你可能也会经历这趟悲伤之旅。

贾特的一些朋友看到陡坡上方有一只巨龙露出尖牙利爪吐着火焰，把他们吓得跑到陡坡的另一边。他们把头埋起来，想象看到巨龙的衣服上写着：“别走下坡——你得控制自己的情绪——不要哭也不要泄漏你的弱点——你还没有坚强到可以承受更多的痛苦——你说不定会疯掉！”于是他们留在自己选择的地狱，直到有一天终于鼓起勇气正视巨龙，这才发现　衣服上的话只是一则神话。于是贾特的朋友终于冒险滑下去，也发现了那道通往阳光的梯子。

你是否和贾特一样？你也看到巨龙了吗？你在它的衣服上看到哪些话？你是否愿意冒险滑下痛苦的深渊，最后找到自由的出口？

这个V形图提供不同的角度看待离婚的悲伤过程，突显出我们对悲伤有许多恐惧。先从理智上了解悲伤，有助于情感上的了解。到头来每个离婚者都必须去体验悲伤，而不只是停留在口头上的讨论。

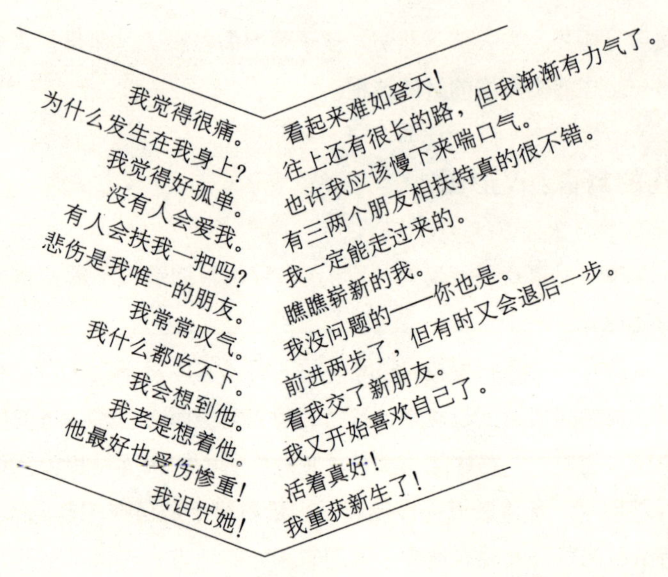

悲伤的征兆

先来看看我们能从这趟旅程里学到什么。首先列出一般人离婚时常有的悲伤征兆，你会发现你和别人没有什么两样。

很多人会不断诉苦，直到把朋友都吓跑，再去找新的朋友倾诉(言语发泄阶段)。这时候的你必须停止说一些不相干的事，尝试表达真正的悲伤。（如果你自己发现，或是朋友告诉你，你一直在重复说同样的事，很可能表示你必须把感觉表达出来，而不只是谈论。）本章后面会提供这方面的建议。

悲伤会产生一种欲迎还拒的效应。情感的创伤使你内心深处有股强烈的空虚感，你期望朋友来填满，于是不断与朋友谈话，想要拉近彼此的距离。但同时这空虚感——就像巨大的伤口一样脆弱，很容易再受伤害。当朋友靠得太近时，你会把他们推开以免情感再受伤害。因此你一方面想把朋友拉近，太接近时又会往外推，很容易让朋友觉得无所适从!

一个人在悲伤时，情感耗竭与失眠是常见的问题。这时候很多人必须借助药物或酒精才能入眠，往往清晨太早醒来后便无法睡着，但又太疲倦而无法起床。这个阶段是最需要睡眠的时候，偏偏他们总是无法入睡，却又整天疲累不堪。悲伤很耗损心力，在走出悲伤以前你可能会经常觉得疲倦。

饮食也是个问题。你可能会觉得喉咙很紧，吞咽困难。有时候口干舌燥，吃不下饭，甚至没有任何胃口，必须强迫自己吃东西。腹部常觉得空空的，却又一点儿都不饿。因为这些状况及其他原因，很多人在悲伤阶段体重直线下降。（虽然也有少数人胃口与体重俱增。）在一次课程的休息时间，几位参加者互相比较悲伤期体重减轻多少，结果6个人全部减轻了将近20公斤！未必每个人都会减这么多，但体重减轻是很一致的现象。

“费雪离婚调适量表”里有一个问题问到是否常常叹气。人们通常并没有意识到自己在叹气，旁观者却可清楚了解他的悲伤有多深。叹气不仅能纾解身体的紧张，似乎也“带引出内心深处需要抒发的情感”。

心情快速转变是悲伤阶段的典型现象。你刚从悲伤的深渊爬出来，好不容易感觉好一些，然后突然没来由地又情绪失控，无法停止哭泣。你本来还觉得好好的，可能因朋友一句无心之言突然又坠入悲伤，这种大转折让朋友困惑而悲伤，无法理解他做了什么事让你难过。你自己的感觉更糟糕，一再失控表示你还未真正走出悲伤。

此外你可能会失去真实感，有种恍然若梦的感觉。你看着周遭的一切仿佛在看电影，一切是那么遥远，与发生在你身上的事毫不相干。你无法从梦中醒来，回到真实世界。

你也可能有一段时间感觉不到自己的情绪。你不再相信自己的感觉，因为你无法控制它们。又因为痛苦太难承受，你为了保护自己而不去感觉，这是“麻木”的阶段。

悲伤期间很多人会常陷入幻想。你可能会幻想看到或听到对方，幻想你身体的一部分不见了，例如心脏不见了，象征失去了对方。如果你不了解幻想是悲伤的正常反应，可能会觉得有些可怕。

伴随悲伤而来的可能还有寂寞、无法专注、脆弱无助、沮丧、愧疚、性趣缺缺，甚至是性无能或性冷感。另外可能还有挥之不去的自我批评倾向——不断质疑自己做错事，想着如果可以重来将会如何如何。

如果离婚让你感到明显的不公，悲伤之余还会感到愤怒。对前配偶的愤怒甚至会达到暴怒的程度，这部分在下一章会有进一步的讨论。

悲伤时也常有自杀的念头。参与离婚课程的人约有3/4承认在悲伤期曾有自杀的念头。研究显示，离婚者的自杀率确实高于一般人。

这些感觉都可能让人难以承受。无法控制的心情起伏、不真实感、幻想、沮丧、自杀的念头……这一切可能让人担忧：“我是不是疯了?”对多数人而言这种恐惧很难与人讨论，但隐藏在心里会感觉更可怕、更疯狂。这里所说的“疯狂”是很真实的感觉，但不是永久的心理诊断结果。如果你觉得自己快疯了，很可能只是悲伤的正常反应。

应对这些状况的方法之一是承认与接受，“认清”代表你还有悲伤的功课没做完，允许自己去感受痛苦，不要一味否定。哭泣、喊叫、苦恼都是负面的表达方法。下定决心做好悲伤的功课，安排一个适当的时间与地点。例如上班时绝不是哭泣与悲伤的适当时机，你必须将悲伤摆到一边，或者说“束之高阁”，专注在工作上。如果你已安排好悲伤的时间，平时你会比较能控制情绪，不会轻易陷入悲伤里。但在安排的时间里一定要真的好好面对悲伤！你不去处理它，它会反过头来掌控你。

如果你没有做好悲伤的功课，你的悲伤可能会表现为身体的疾病，简单的如头痛，复杂的如结肠炎、关节炎、气喘或胃溃疡。悬而未决的悲伤会造成身体很大的压力，可能会使你的医疗支出增加。

人们往往因为不愿意再经历一次痛苦与悲伤，因而不愿参加离婚课程。这种心理可以解释为悲伤的功课还未完成，当你有种放开的感觉，在内心深处会知道功课已经做完了，再也不可能跌入悲伤的深渊。

悲伤的阶段：罗斯博士的研究

了解悲伤的五个阶段对攀爬这段山路很重要，理智的分析有助于情感上的调适。下面所介绍的是库伯勒罗斯博士（Elisabeth Kubler-Ross）的分析：

第一阶段：否定

面对失去的第一个反应是否定："这怎么可能发生在我身上，再等一阵子一切都会没事，他一定会回到我身边。"这时通常会处于惊吓、麻木、否定任何感觉的状态，你可能会进入一种类似机器人的阶段，表面上仿佛什么事都没发生，实际上却是压抑愤怒，而后开始感到沮丧。对前配偶的态度极友善，一心盼望这一切只是一场梦，对方根本没有真正离开！没有人愿意让朋友邻居知道自己离婚。事实上，我们甚至不愿意让自己知道！

第二阶段：接受

你慢慢接受婚姻结束的事实，开始感到愤怒。这愤怒先是转向内在，导致沮丧，接着开始转向他人。把愤怒表达出来让你感觉比较好，但同时你又担忧对方会因此不再回头，因而会产生些许愧疚与矛盾。多年婚姻所累积的挫折感开始浮现出来，朋友可能会奇怪你在婚姻里痛苦了这么久，怎么能忍受对方。于是你开始长篇大论抱怨配偶的不是，结果却使你陷入不可能赢的两难局面。如果你说对方很好，你怎能继续愤怒？如果你抱怨对方很烂，那你当初怎会爱上这样的人？当你开始承认并表达这种掺杂悲伤的愤怒时，也是真正开始处理悲伤的阶段。

第三阶段：面对

可以面对婚姻结束的事实，但又不愿意放开，于是你开始讨价还价："只要你愿意回头，我什么都愿意做！我可以改，可以忍受一切，只要你重新接纳我！"这个阶段很危险，因为很多人确实会重新在一起，但却是为了错误的理由——为了逃避寂寞与不快乐。他们不是选择和对方建立幸福的生活，而是"两害相权取其轻"。

第四阶段：放开

这是最后的放开，可以说是黎明前的黑暗。沮丧是这个阶段典型的反应，但不同于第一阶段的沮丧。这里面有一种"乏味"的感觉："人生就是这样吗？"对人生的意义有很多内心的对话："我活在世上做什么？人生的目的是什么？"这是个人成长的阶段，你会建立坚强的自我认同，找到生命的深刻目的，活得更有意义。

但也有些人在这个阶段浮现自杀念头："我已经努力试了这么久，现在又落入万丈深渊，我不要放开！"有时候这个阶段在离婚很久后才到来，人们往往惊讶于自己还会如此沮丧。努力了这么久而进展这么小，确实容易让人气馁。对这个阶段有所了解的人通常比较容易走过来，他会很高兴所有的沮丧都是有理由的，不会延续太久，而且不同于第一阶段的悲伤。

第五阶段：追求自我

这是接受婚姻已不在的阶段。你开始觉得已摆脱悲伤与痛苦，没有必要再浪费情感在逝去的关系上。现在你可以开始往上爬，追求独立自由的自我。

在展开新恋情之前，你应该先走完这5个阶段。

让孩子走过悲伤

孩子也必须为他所失去的一切悲伤，虽然做父母的有时候会觉得很不忍心。我们看到孩子因为想念离去的父母而哭泣，便想要解除他的痛苦，安慰说："别哭了，爸爸（或妈妈）会回来的，以后你会再见到他。"孩子需要的不一定是安慰或保证，可能是接受的表示："我知道你很难过，离开你所深爱的爸爸觉得伤心是很正常的。"我们往往掺入了自己的情绪与愧疚，忽略了让孩子表达他的感觉与情绪。如果不是大人阻止与干预，孩子通常比大人更能自然地哭泣悲伤。

悲伤里的愤怒成分也是一样。孩子可能因为与父母之一分开及生活方式改变而感到愤怒。但当孩子表达愤怒时，大人常会说："你长大就会明白了，有一天你会了解我们所做的都是正常、自然而健康的。"允许孩子愤怒很重要，请试着说："我了解父亲离开让你很生气。"

孩子也会经历悲伤的5个阶段，刚开始会否定父母分开的事实，相信有一天还会在一起。接着经历愤怒、讨价还价等阶段，你必须允许他走过每一个阶段。前面所说的练习及本章后面的评量问题不只适用于父母，对孩子的帮助也很大。

显然孩子的失落感还是与成人不同，因为父母并不是与孩子切断关系。理论上亲子关系是永远的，虽则有时候孩子不常甚至不再见到无探视权的一方。

就像其他感觉一样，父母若是以行为让孩子知道如何悲伤，绝对比告诉他该如何做更有帮助。孩子会模仿父母的做法，从健康的释放过程中得到更多。

我们希望你也能帮助孩子走过悲伤，而不要以阻止或不赞同的态度来影响孩子，试着让他经历前述的每个阶段。

做好悲伤的功课

悲伤有一定的过程，很多人害怕悲伤会显示自己太懦弱，或甚至感觉“自己快疯了”。但如果你知道别人也和你有同样的感觉和状况，应该会放心很多。我们可以在情感上一步步走过每个阶段，克服对悲伤的恐惧，做好悲伤的功课，将恐惧与焦虑减到最低。

再　见

再见了，我花了无数下午与假日寻觅的新房子——为了符合每一项最严格的要求。我可能再也不会找到那样的房子，那不只是一间房子，而是代表寻觅的结束、目标的达成、全新的开始。我走了那么远的路，努力了那么久才达成。天啊，还记得那时候我是那么厌倦寻觅，找到时是那么心怀感激，现在却全部失去了。

再见了，我们未来的家，我们在秋天时栽种的郁金香，没想到等不及春天一起看花盛开。再见了，共同筹建婴儿房和修理旧摇篮的计划，我们根本来不及生孩子。

再见了，新的开始所蕴含的所有希望。

再见了，身为你的“另一半”所带给我的自信与满足——那是个清楚的角色，我很知道你对我的期望。

再见了！

我多么迫切要说再见，要放开你，快速而完全地将你推出我的生命之外，就像你对我所做的。

我紧紧抓住的是什么？

承诺。

那许多“等我们……的时候就……”的承诺，

关于学位、旅行、工作、蜜月、金钱。

可笑的是现在全变成了我给自己的承诺。

我曾经爱你，因为你是婚姻的另一半，是我们家未来的父亲，而我是那么需要婚姻让我觉得完整，需要一个人让我关心和照顾，你让我感到被需要。

我从没想到我可以说这么多再见。你已经离去一年半，我却还在这里，一点儿都没有离去。没有人可以说现在的我只是半个人，只拥有过去百分之五十的目标和价值，即使是离婚判决书上也没有这样说。我不是在向自己的自我价值或自尊道别——这些我并没有失去——我的道别是告诉自己我不再需要你的认可来证实自己的感觉。

最后的道别是正面的，因为我道别的是负面的东西。

告别被奴役的感觉；

告别你对各种小事的吹毛求疵：洋葱、蘑菇、橄榄、我的法兰绒睡衣、早起、强尼和我的朋友艾丽斯，以及动物园。

告别你的缺乏方向感、创意力、感激的心和敏感的心。

告别你的优柔寡断、枯燥压抑的性格和很不幽默的幽默感。

再见了！

我不再因为愤怒而羞愧，因为自己太傻而尴尬，因为我知道而你不知道的答案而愧疚。

再见了！

崔　西

现在请拿出手帕休息一下，看看你能否放开更多的悲伤。你已经了解悲伤的过程，接受悲伤是健康的，也许你能比较自在地表达悲伤(甚至包括过去所失去的东西)。找一个你可以信赖的朋友、家人或心理咨询人员来给你支持（但不是介入），同时允许自己表达出最深的悲伤。

我们的课程有一个很重要的功课，读者或许会觉得很有帮助，亦即针对前述特定的悲伤写一封道别信。你道别的可能是家、感情或过去失去的东西。写信的目的是真正表达出悲伤，然后抛开。这个功课并不容易，因此我们建议你从比较表面的失落开始。最后你可以写一封信告别严重的失落。你可以选择寄或不寄，真正目的是写给你自己，通常你不会想要与对方分享你的心情。

从上面摘录的离婚课一位女学员的道别信中，你可以深刻感受到她的想法与感觉，或许也可以激励你写一封信。仔细地阅读，然后开始动笔吧。

现在请擦干眼泪继续读下去。同样的，我们要提醒你用心处理这个重建方块后再往上走。悲伤是艰难而痛苦的阶段，不要只是把悲伤掩埋起来！也别急着在阅读本章的时间里就走完所有的阶段。

在这个过程中不妨借助救命型的朋友（参见“友谊”一章），当你准备好时，别忘了前面还有一段山路在等你。

你表现得如何？

下面同样为你准备一份评量问答，请花几分钟诚实作答，看看你完成了多少悲伤的功课。

1.我允许自己必要时尽情悲伤。

2.我不再掩藏悲伤，而会试着表达出来。

3.现在的我从早到晚都感觉身心充满活力。

4.大部分时间我已不再沮丧。

5.我不再觉得难以专注。

6.我不再老是想哭。

7.我已经克服茫然的感觉。

8.我又能掌控自己的情绪与心情。

9.我晚上不会睡不着。

10.现在我很少叹息。

11.我注意到自己的体重很稳定。

12.我的胃口不错。

13.我的日常生活习惯不再有机械化的感觉。

14.我已不再觉得自己仿佛要疯了。

15.我不再不停诉说自己的不幸。

16.我完全没有自杀的念头。

17.我不再常觉得哽咽欲泣。

18.我觉得胃部很放松。

19.我又开始可以和别人亲近。

20.我觉得情感不再是一潭死水。

21.我能了解悲伤的过程。

22.我能辨识自己处于5个阶段的哪一个。

23.我知道自己有哪些过去的悲伤没有处理好。

24.我清楚还有哪些事需要悲伤（失去的人、关系、未来)。

25.我能自在地与朋友谈我的悲伤。

26.我为自己现在的失落感写了一封道别信。

那个该死的

不论你是抛弃者或被抛弃者，婚姻结束时你可能都会感到强烈的愤怒。

愤怒是自然的，是人性健康的一部分，问题在于如何表达。

不要把愤怒积压在心里，但也不要变成攻击的行为。

你可以学习以建设性的方法，表达离婚的愤怒和『日常』的愤怒，也可以学会完全减少愤怒。

• • •

愤怒

我不知道自己是怎么回事。我看到他的车在停车位，便知道他去和女友约会，然后开她的车回家。我走过去将4个轮胎的气全部放掉，然后走到房子后面等他们回来，为的是看他们发现轮胎漏气的表情。我看着他们处理车子，心里觉得很痛快。我一辈子从来没有做过这种事，我不知道自己会愤怒到这种程度。

——琴

现在你已走到一个随时必须小心火苗的地方。在离婚的过程里“愤怒”相当危险，如果处理不好，可能会引发怒火燎原，波及其他的重建方块，让你无法再向上爬。

离婚的愤怒很极端，暴怒、报复心理、强烈的怨恨都很常见，这种特殊的愤怒多数人都不曾体验过。已婚者很难体会这种愤怒的强度，除非有一天他自己也结束婚姻。

你可能像很多人一样努力压抑愤怒不表达出来，但结果你可能会变得更沮丧。

(布鲁斯和很多心理医师都认为，没有表达出来的愤怒是造成沮丧的重要原因。离婚的过程本来就很让人沮丧，初期没有表达愤怒的人往往会更沮丧。鲍伯和另一派的心理医师则认为，愤怒与沮丧是不同的情绪。但基本上大家一致认为：就像其他情绪一样，愤怒必须以健康的方式表达出来。）

抛弃者往往因愧疚感太重而不会表达愤怒，被抛弃者则是因害怕若表达愤怒会让对方永不回头。因此双方都有一段时间很“友善”，但在离婚过程里同样会感到强烈沮丧。

愤怒当然也可能以暴力呈现。只要有适当诱因，离婚者在最愤怒的情况下确实可能做出暴力行为。如果你能克制自己，找到更适当的方法表达愤怒与报复心理，还算是比较幸运的。

其实你可以用更具建设性的方法表达愤怒，而不必让自己毁于沮丧、头痛、身体紧绷、胃溃疡等。其次，愤怒之火可能波及其他重建方块，若能善加处理愤怒，在未来的路上会减少很多麻烦。

愤怒的3个阶段

愤怒同样可分成3个阶段：

第一个阶段是学习接受愤怒是自然的，是人性的一部分。社会上有种观念认为愤怒是懦弱、幼稚、负面、亵渎的表现。（基督教教导人要“把另一边脸颊转过去”，事实上耶稣自己也曾愤怒地将兑换银钱的人驱出神殿！我们为什么不能也那样愤怒？）

很多人在成长过程中学习到愤怒是不对的，现在我们必须重新学习：愤怒是很自然的。从理智面改变观念比较容易，相较之下，情感上的调适便困难很多。你在发怒时别人的反应通常很强烈，让你很难接受自己的感觉。但请记住一点，愤怒的感觉与表达方式是两回事。

第二个阶段是尽可能学习各种表达愤怒的正面方法，亦即不能伤害自己或周遭的人。例如运动或用幽默的方式表达，还有很多方法在后面都会讨论到。

这里要提醒读者一件事：离婚过程中很多人做过最糟糕的事是

利用孩子来表现对前配偶的愤怒。柯琳的孩子每次探视父亲回来后都被她当做间谍问长问短，安妮坚持鲁斯必须先付孩子的教养费才能探视，鲁斯坚持要先看到孩子再付教养费。大人们一心想要报复彼此，往往忽略了孩子的最佳利益。然而利用孩子作为报复手段是最不入流的。

即使只是为了孩子，你也应该学习建设性的方式纾解愤怒。

第三个阶段是学习宽恕和其他减少愤怒的方法。还处于前两个阶段的人可能会大大反弹："我永远不会原谅他!"事实上你要宽恕的不只是对方，还有你自己。

到底是谁在愤怒?

你必须为自己的愤怒负责，毕竟那是你的感觉，不是别人的。刚开始你很容易怪罪别人害你愤怒，但慢慢地你必须学习为自己负责。

"费雪离婚调适量表"里有一个重要的项目与愤怒有关："我怪罪前配偶结束我们的婚姻。"还未处理好愤怒的人多半回答"是"。但有些人已经走过一段重建的路，学会处理愤怒，就会开始了解失败、过错、责任等都是双方面的。婚姻结束乃是彼此互动失败的结果，不只是一个人的错。

学习为愤怒负责并不容易，需要具备足够成熟的性格与相当的勇气。相较之下，怪罪另一个人当然容易得多。第三个阶段其实是宽恕自己，放开愤怒。

适当的愤怒vs攻击性的愤怒

你是否想过当婚姻结束时如何保持适当的愤怒？你可能会问："什么是适当的愤怒?"符合情况就是适当。哈瑞是因为新车被撞生气，珍因为别人说话伤害她而愤怒，夏伦因为做不好一件简单的事（如穿针）而愤怒。适当的愤怒必须务实，感觉与事件相符。

攻击性的愤怒则是与事件的大小不成比例。有些人开车时碰到红灯便暴躁起来，或是路上与人一言不合便大打出手。这类情况便是为了小事而反应过度，通常都是过去隐藏的愤怒被牵引出来，有时候甚至可远溯至童年时期。

当我小时候……

童年与愤怒的关系又是如何？我们的生命始于母亲的子宫，对婴儿而言那就是宇宙的中心，他完全不必动，全部的需求都会获得满足。第一个大创伤是出生，我们被推入“寒冷残酷的世界”，从此必须大声号哭才有人会喂奶换尿布。成长过程里我们愈来愈须为满足自己的需求负责，而这通常是很挫折的经验。因此迈向成熟可以说是挫折与愤怒的过程。

如果你小时候的愤怒多能被重视，也被教导以建设性的方法表达，便比较不易累积与强化。但如果你发怒时总是被处罚，连建设性的表达方式都不被允许，或是你周遭的人非常易怒，将你正常的挫折感推到异常的程度，你可能就会累积童年的愤怒。

童年累积的愤怒会变成直觉反应的一部分，任何小事都可能引发不恰当行为。你应该不难想到周遭就有这样子的人，在离婚过程中要特别留意这种人，他们有时会做出暴力行为，例如开车撞人！

有益的愤怒

前面说过，婚姻结束时感到愤怒很自然。事实上，愤怒甚至可能是有益的。“什么？”你一定很奇怪，“愤怒也能有益？”是的，因为愤怒能让你在情感上与前配偶拉开距离。无法表达愤怒的人往往会延长放开的过程，常感沮丧，进退维谷，对配偶的感情无法结束。

离婚的人通常在婚姻里无法自在表达愤怒，心里积压很多怒气。值得庆幸的是当你学会表达愤怒后，过去的愤怒也能一并释放。

维多在课程中提出一个问题："我们为什么要经历离婚后再来谈5年或10年前发生的事？"答案是离婚的愤怒会帮助你将尘封的问题摊在阳光下。

我们为什么掩藏愤怒？

愤怒就像火焰一样，必须燃烧成宽恕的灰烬才能停止。掩藏愤怒就如同火上添柴，结果只是不断焖烧。你必须学习直接但不具攻击性的表达方式，离婚的怒火才有熄灭的一天。

过去的心理障碍可能会阻挠这个阶段的进展，让你无法学习愤怒的正面表达。泰瑞莎小时候曾遭严重虐待，累积了很多愤怒。我们曾经问她为何不在心理医师面前表达愤怒，她沉默了很久，最后才说她怕医师会伤害她。这种恐惧被报复的心理使很多人不敢表达愤怒。

安东尼来找我们时，脸上带着"弥勒佛般的笑容"。他的儿子什么都不肯学，遭学校退学；女儿离家出走。"弥勒佛般的笑容"其实是愤怒的面具。安东尼自以为应该像个牧师一样，因此他无法把愤怒表现出来，他要维持牧师的形象。然而他却将怒气发泄在虐待子女上，孩子会有愤怒的感觉是适当的，但其行为表现却具有十足的破坏力。他们必须学习正面的表达方式，而不是像父亲一样发泄在子女身上。

我们表达愤怒的方式确实常和父母一模一样——可能是被动、攻击或敌意的，或是果断的（直接但没有敌意）。有些人则是采取与父母完全相反的方式。例如吉姆常看到父亲幼稚地乱发脾气，便决心在自己的孩子面前绝不能有类似的表现。因此当他生气时便戴上石头般面无表情的面具，就像安东尼的“弥勒笑容”，但他从来不承认自己在生气。

替罪羔羊、烈士及其他愤怒的目标

珍娜是个可怜人——她是家里的替罪羔羊。有些家庭的互动模式很不健康，不管发生任何问题都把责任推给其中一人。

布鲁斯担任观护员时处理过类似的家庭，刚开始他总想将这个替罪羔羊安排到领养家庭。但后来他发现这会有两个可能的结果：社工或那个家庭的另一个成员会变成替罪羔羊。总要有一个人去填补那个位置，直到家庭成员学会为自己负责，不再将所有的不快乐投射到他人身上。这个替罪羔羊的角色（你是吗?）往往很难表达愤怒，很容易累积庞大的童年愤怒。

几乎在每一次的离婚课都会碰到一两个替罪羔羊，因为这种人很容易离婚，他总觉得自己没有价值，没有愤怒的资格。这种心态对一个人的伤害很大，有时需要专业的协助才能摆脱既定的角色认同。

当然，我们别忘了烈士的角色。几乎每一次的离婚课都会出现烈士或烈士的受害者。所谓的烈士是透过别人而活着，为了“帮助”别人完全牺牲自我，仿佛可以无止境地为别人付出。这种行为背后的感情也许是真的，但有时候他会去做自己其实不愿意做的事。这里面的心理因素很复杂，烈士并非为了爱而付出，而是因为害怕失去对方，或是因为他从小就学会用付出来与人互动。因此仔细探究付出的背后其实可能是自私的考量，有时不免让接受者感到不满。但接受者又很难表达愤怒与不满，因为烈士的行为表面看起来是那么无私，你只能以照顾他作为回报。

烈士型的人基本上缺乏自我认同，总要透过别人来寻找自己的认

同，但也因此常对别人造成伤害。（“信赖”一章的练习可以帮助你理清烈士的角色）

如果你是烈士型的人，你要如何摆脱这个角色？以及如何帮助别人摆脱？首先你必须努力寻找自己的认同，停止对别人完全的付出，转而学习接受，发现自己的优点，尝试从人际关系、兴趣、目标里寻找认同，摆脱烈士角色。

也许你是烈士付出的对象，那么你可能因愧疚感太深而无法表达愤怒。或者你已开始对付出的人表现愤怒，或是把愤怒转向内在，自己也变成烈士。很多人会变成烈士是受到烈士型父母的影响。

对有些人而言，认清自己的烈士角色是很沉重的打击。例如楚蒂在离婚课里学到这个观念，回去后彻夜难眠，便打电话给朋友，约好隔日见面谈谈。她发现原来自己在婚姻里一直扮演烈士角色，利用丈夫的愧疚感来控制他，这个发现简直让她无法承受。

如果你或你的配偶是烈士型的人，不妨找个朋友或心理医师谈谈，开始处理你对这个角色的愧疚感。此外，你应该探讨你的愤怒是否强大到掩盖了其他感觉，诸如挫折、被拒、自卑、受伤、没有人爱。探索这些感觉或许很痛苦，相较之下愤怒显得容易许多，虽则愤怒的感觉也并不好。深入了解你的愤怒会开启发掘其他感觉的窗口。

一触即发的愤怒：你的引信是什么？

离婚课中一个很有用的练习是请大家列出让自己发怒的事，真正使你点燃怒火的是什么？

伊莲为史帝夫上法庭争取孩子的监护权大为光火，其实她可能对自己教养孩子的能力感到怀疑。查尔斯为妻子的离去怒不可抑，其实可能重新忆起母亲去世时被弃的感觉。哪些事使你发怒？背后是否反映出某种感觉？我想你应该停下脚步先想一想这些问题。

前面说过，被抛弃者的愤怒通常胜过抛弃者，探讨背后的感觉便不难了解原因。

其一可能是无法操控情势的挫折感。一切操之在对方手中，你只能逆来顺受，这很容易产生挫折感，而挫折常引发愤怒。

其二是被拒的感觉。被抛弃者通常仍深爱配偶，对方突然说不再爱他了，这种深刻的被拒感也常导致愤怒。

其三是失去的未来。被抛弃者原以为未来都已规划好了，突然间他必须独自（寂寞地）面对，重新规划新的人生。伴随而来的可能是经济上的压力，这种挫折很难承受。被抛弃者可能会感到恐惧——强烈的恐惧。这时愤怒似乎是对抗恐惧的好方法，甚至可激发肾上腺素来克服恐惧。因此被抛弃者的愤怒通常比较强烈，这可以从“费雪离婚调适量表”的分数看出来。当然每个人的情况不同，有些抛弃者也有很深的愤怒。

离婚的愤怒vs日常的愤怒

前面关于愤怒的原因已探讨了很多，接下来要谈谈建设性的表达方法，亦即对己对人都无害的方法。

首先我们要再次强调，离婚的愤怒与日常的愤怒有很重要的差异。

请记住：离婚的愤怒需要以非破坏性的方法发泄与纾解（靠自己或心理治疗）。日常的愤怒——未来与朋友、家人、情人、子女的互动——必须以建设性的方法表达，直接、坚定而诚实，如此才有利沟通与营造深刻的关系。

首先我们要介绍一些方法来表达离婚的愤怒，其次再谈到平常发怒时的应对。

如何纾解庞大的愤怒

你可能有股强烈的欲望想要直接将怒气发泄在前配偶身上。多数人都会想要拿起电话，尽量伤害、报复或直接发泄怒气，但这样做通常没有什么帮助。你在离婚的怒火上添加几根木柴，对方可能也添上几根作为报复，没多久两人都会被火舌吞没。我们建议你参考下面的方法表达愤怒。

有些夫妻在平时的互动里就已学会表达愤怒，在离婚的过程中也会继续延用同样的方式。如果你像多数人一样平常就不知如何表达，现在怎么可能知道?

幽默是宣泄愤怒很有用的方式。哈莉是我们课堂上的活宝，有一次她说："别人问我前夫在哪里时我不知怎么回答，因为我不想说他和别的女人跑了。"又有一次她面露灿烂笑容说："我终于决定下次有人问我时，我要说他翘辫子了!"说完自己笑起来，其他人也都笑了，透过笑声发泄满腔怒火。幽默感在任何情况下都很有用，特别是处理愤怒时。

表达愤怒最有效的方法之一是打电话给朋友，说："我需要说出我对前夫的愤怒，我知道有时候我可能不是很合逻辑，可能很情绪化，我所说的也不尽然是一直都有的感觉。但现在我真的很生气，我需要你的倾听。"在这个时候一个救命型的朋友会是你对抗愤怒的最佳助力。

有些人则是透过幻想来宣泄愤怒。珊蒂是这方面的专家，她会幻想"到园艺用品店买一袋肥料，半夜到前夫家，用肥料在他门前写脏话。这样整个夏天他每次要除草时都得读一遍!"但请别忘了这只是幻想，绝不能化为实际的行动!自制力不够的人可能不太适合这个方法，因为你可能忍不住真的去实行，导致难以想象的后果。

任何运动都很有帮助。运动比赛、慢跑、打扫、拍打地毯等尤其有效。愤怒是一种能量来源，必须把它消耗殆尽，运动是很好的方式，如果能搭配其他技巧，效果更好。例如在打高尔夫球或网球时，你可以把球想象成配偶的头，一边喊叫发泄，更能发挥纾解的效果。慢跑时你可以想象每一步都踩在配偶脸上，一边加上咒骂增添效果。

如果你可以习惯咒骂，这也是抒发离婚怒火的好方法。用力将最深层的心声说出来，你会感觉仿佛连怒气都从体内驱出。

你还可以尝试尖叫。多数人在人前不习惯尖叫，也许你可以找一个没有人的地方。像夏琳会开车到一个隐秘的所在，停好车开始尖叫哭喊，她觉得很有助于发泄怒气。后来她的孩子也知道了，每当她生气时，孩子会说："妈要去尖叫了！"

有些人觉得流泪是表达愤怒的好方法。用哭泣来表达情感本来就是很正面诚实的方式。但很多人，尤其是男性，不太能自在地哭。你应该学着"允许自己哭泣"，那会让你觉得好过很多。哭泣原是表达悲伤与愤怒的自然方式。

还有一个方法是写信，把你想要告诉前配偶的话全部写在里面。用很大的字体写，甚至可以用蜡笔，把你的愤怒放进去。但写完之后，不要寄出去。拿去烧掉。这样你不但表达了愤怒，也象征性地烧掉了愤怒。

你也可以采取"空椅子"的方法，那是完形心理学（Gestalt）里很有效的治疗法。想象你的前配偶坐在一张空椅子上，然后说出所有你想对他说的话。如果你的想象力够丰富，甚至可以交换椅子，代替对方回答，再回到你的位置上答话。

你瞧，抒发离婚怒火的方法这么多。不过，你可能发现并不是每一种都适合你，甚至会对某些方法有些反弹，绝计不可能使用。我们的重点是，愤怒的表达有很多种方式，唯一限制你的是你的创意、想象力与接受度。

容我再强调一次，这些是抒发离婚怒火的一些方法，我们不推荐采用上述任何一种方法发泄日常的怒气，这部分留待后面再讨论。

顺带一提的是有些人无法表达愤怒是因为“需要”，愤怒变成他的伴侣，一旦抛开了就再也没有工具可以惩罚对方，也就是保留愤怒对你而言极具价值。但你应该思考的问题是：你希望成为什么样的人？你愿意变成一个愤怒的人，或是抛开愤怒？

只有你自己能避免怒火燎原

愤怒是最重要的重建方块之一，因为它会延烧到其他重建方块。在你学会控制怒火之前，继续往上爬恐怕会遇到很多困难。

当你的愤怒燃烧到只剩灰烬，你会有一种解脱感，精力可以释放到人生的其他领域。婚姻虽然没有成功，但你已能宽恕自己与别人。你不再怪罪自己，不再感觉自己是个失败者，你因为抛开所有的痛苦而重新找到内在的平静。现在你可以平和理性地与前配偶谈话，不会轻易动怒。你也可以和朋友（包括前配偶的朋友）互动而不会心烦气躁。你张开眼睛，突然发现生命不再满布愤怒的乌云，也有一片灿烂的阳光。你明白了并非事事皆能尽如人意，怪罪任何人都没有意义。

参加离婚课的柴克觉得有句话对离婚中的人很有帮助：“已经不重要了。”很多事情以前看似重要，现在已经毋需在乎。当你到达了宽恕阶段，便不再觉得需要惩罚或报复对方。

离婚之外：表达日常的怒气

我们希望前面的讨论能帮助你抒发离婚的愤怒。接着我们要探讨平常每个人都会因生活起伏而产生的各种常见怒气。

首先请注意行为与感觉是两回事，不应混为一谈。

愤怒是感觉，表达己见与攻击则是行为。还记得本章开头提到琴将前夫的轮胎放气的事吗？在强烈愤怒的驱使下，她的行为确实具攻击性。她也可能以其他方式表达愤怒，例如她可能会采取更具攻击性的方法，甚至真的攻击前夫；或者直接说出她心里的感受："我愤怒到想把你的轮胎放气！因为你对我实在太不公平、太不讲道理……"当然，我们并不建议上述行为，我们要传达的是一个概念：愤怒的感觉可以用不同的行为来表达。假想你处于下列情况：

你排了两个小时的队要买音乐会的票，前面那个人的两个"朋友"对你说："老兄，让我站这儿吧。"

孩子的教养费晚了两星期还没收到，你很需要这笔钱，因为孩子下周开学前必须买新衣。你打电话给前夫，他说："我因为去夏威夷旅游花了不少钱，教养费下个月才能给你。"

你在报上读到一则新闻，州议会刚通过立法为自己加薪20%——同时却将教育支出删减10%。

愤怒吗？你应该愤怒的！这类情况以及无数不公、不义、思虑欠周、错待他人的案例都理所当然会让人愤怒。不必去管小时候大人怎么教你，愤怒是自然、正常、健康、人性的！每个人都有愤怒的时候。（如果你以为你从不曾发怒，也许你忘了感觉与行为的差异，请回头读一遍上面几段！）

问题是："愤怒时该怎么办？"前面已谈过如何释放强烈的离婚愤怒——幽默、幻想、运动、尖叫、哭泣等。这些方法可以帮助你放下对前配偶的愤怒。但使用这些方法的前提是你已经走出让你愤怒的情况（婚姻），只是积压的愤怒需要抒发，运用在日常生活中恐怕帮助不大。如果彼此的关系还会继续下去，就要考量不同的方法。

“我的讯息”及其他公平对抗的方法

愤怒的表达在婚姻、离婚、再婚里都是很常见的问题，“离婚后的关系”课程中有一个重要的主题，就是帮助参加者透过“公平对抗”的技巧学习建设性的表达。其中一些技巧是1960年心理治疗专家乔治·巴赫（George Bach）设计的，其他专家也提供不少建议，如心理学家托马斯·高登（Thomas Gordon）在父母效能训练里，便提出我们最喜欢使用的“我的讯息”。

“我的讯息”每句话开头都是“我”，目的是让你为自己的感觉负责，而不要将愤怒归咎他人。“我的讯息”有助于释放出愤怒与其他强烈感觉，将亲密与爱带入彼此的关系里。此外，它也有助于确认你的真实感觉，而不致因怪罪他人而掩盖起来。

学习“我的讯息”可以帮助你与周遭的人沟通，不论是情人、子女、朋友、亲戚。我们建议你开始练习“我的讯息”来改善与他人的互动，学习建设性表达愤怒的方法。举一个简单的例子，你不应该说：“你让我气疯了！”而应说：“我快气疯了，因为你……”乍听之下似乎差异不大，但请注意，当你说“我快气疯了”，你是在为自己的感觉负责。这时控制权不再留在对方手中，你已经拿回来了。

（别忘了“我的讯息”也很适合表达正面的感觉！）要营造美满的婚姻，避免垃圾堆积（这也是离婚的原因——这是第几个原因了），以建设性的方法表达愤怒非常重要。积压的愤怒终究会像火山一样爆发出来，适当地抒发是避免婚姻破裂的安全阀。而且把愤怒说出来通常能使夫妻关系更密切（包括性关系），非常值得一试。

直接表达愤怒

多年来鲍伯一直对愤怒的表达特别感兴趣，他与麦可·伊莫斯(Michael Emmons) 合著的《Your Perfect Right》非常畅销，书中提供一套正向的愤怒表达方法。这些方法需要一点儿练习，对你的婚姻会有很大的帮助。下面的步骤取材自《Your Perfect Right》。

发怒之前：

*多了解自己，以及使你发怒的态度、环境、事件与行为。

*不要让自己有发怒的机会。

*和自己讲道理。

*学习放松。

*把愤怒保留给重要的事。

发怒时：

*学习处理愤怒的技巧（放松、做费力的事、从一数到十、自说自话让自己平静）。

*花几分钟想想眼前的情况是否值得你投入时间与心力，考量可能的后果。

*想想你是要与对方共同解决问题，或是在你自己心中解决。

*明确表达你的愤怒。（自然地表达，不要让不满升高，直接说出你的愤怒，诚实运用叙述性的词汇，利用姿态、脸部表情、手势、声音传达你的感觉，避免嘲讽、中伤、贬抑、攻击身体、抑人扬己、敌意。）

*用语言表达你有多在意。（“我很生气”、“我强烈反对”、“我无法接受”）

*另外安排时间解决。

*直接说出你的感觉，为自己的感觉负责。

*针对目前的问题与状况。

*朝解决问题的方向努力。

正当的愤怒

有些宗教信仰被认为反对表达愤怒，在结束本章之前，我们要针对这一点讲几句话。很多人相信应该“把另一边的脸颊转过去”，表达愤怒多少有点儿“罪恶”。但我们认为人应该以正面的方式表达愤怒，让自己从愤怒里释放出来，这是非常精神层面的事，上帝绝不希望我们淹没在任何强烈的情绪里，包括愤怒。

宽恕与遗忘

前面说过，并不是所有的愤怒都合理（适当），也不一定都要表达出来。有时候最健康的做法是宽恕。我们不是建议你永远“把另一边的脸颊转过去”，前面一再说要以建设性的方法表达愤怒，这里也无意自相矛盾。重点是你必须选择把精力投注在什么地方，你不能解决世界上所有的不义，甚至是你自己生命中的不义。就像古谚所说，有时候审慎抉择才是真正的勇敢。请花点儿时间思考眼前的情况是否值得你花力气表达愤怒，如果是的话（例如有人以不公平的方式对待你的孩子），当然要明确表达。如果不是（例如别人的车子插队超前），深吸一口气，继续过你的生活。

怒火蒙蔽了你的眼

当你感觉怒火又在心中燃起，也不要停止往前走。读过这一章以后你已经知道你可以愤怒，也知道如何以建设性的方法表达愤怒，如何让怒火燃烧到仅剩灰烬。怒火也许会焖烧很长一段时间，最好还是让它燃烧完全，如此你才能得到自由。这段路不要走得太急，附近就有一处森林火灾，你要步步为营，不要毁了自己或身边的人，因为失控的愤怒具有很大的破坏性。

布鲁斯的研究显示，一般人离婚后对前配偶的愤怒会维持3年，你决定维持几年？

孩子也会愤怒！

离婚之子和父母一样会感受极端的愤怒。有个女孩在游泳池里突然对父亲不可遏抑地发脾气，为了一点儿小事大喊大叫，她的愤怒与当时的情况极不成比例，显然是因为怪罪父亲抛弃她而失控发怒。

离婚者往往不允许孩子发怒。拥有监护权的母亲会努力让子女与父亲维持良好的关系，虽则他可能没有遵守探视的规定，且常忙于自己的事。母亲可能会希望孩子接受父亲而不要发怒，但孩子对一个不尽职的父母产生愤怒是很自然的。

当孩子表达愤怒时，父母很容易将爱收回。大人可能因自己情绪绷得太紧，看到孩子发怒立刻觉得无法接受："回到你的房间，等你学会好好表现再出来！"我们必须找出更多心力倾听与接受孩子的愤怒，但也要留意孩子不可变得具攻击性，乱发脾气，或乱摔东西。让孩子以正面的方式表达愤怒。当孩子说父亲（或母亲）没有按时来访让他很生气，你应该说："我想在这种情况下你会感到愤怒很正常。"

多数人都是透过与父母的互动学习表达愤怒。你可能曾经因发怒被惩罚，或根本不被允许发怒，或是被罚回房间反省，深深感到被拒绝，甚至觉得失去父母的爱。最好的做法是让孩子学会愤怒是人性的一部分，以正面的方式表达愤怒是可以接受的。

你表现得如何?

在继续往前走之前，先停下来省思一下，记得回答问题时要绝对诚实哦!

1.我可以平静理性地和前配偶沟通。

2.我能自在与前配偶见面谈话。

3.我不再想要把愤怒与受伤的感觉倾倒在前配偶身上。

4.我不再希望前配偶和我一样痛苦。

5.我不再对前配偶怀有那么多愤怒。

6.我不再那么在意家人、朋友、同事是站在我这边或他那边。

7.我不再因为前配偶曾伤害我，而一定要讨回公道。

8.我不再怪罪前配偶让我们的婚姻失败。

9.我不再强调自己所受的伤害来让对方痛苦。

10.我已克服愤怒，开始能接受前配偶的行为。

11.我能以正面的方式表达愤怒，不致对自己或周遭的人造成伤害。

12.我愤怒时不再一味否定自己的感觉。

13.我明白是哪些情绪障碍，使我无法以正面的方式表达愤怒。

14.我能够以建设性的方法表达愤怒，而不会任意发泄。

15.我已走出愤怒，到达宽恕的阶段。

最难的莫过于放开

你必须停止投资情感在逝去的婚姻里。

当你生命的水桶装满水，放开是比较容易的。

抛弃者通常可以较快放开，因为他们往往在离开之前就已放手。

如果你一直无法放开，可能代表你无法面对内心深处某种痛苦的感觉。

放开

史黛拉：哈利4年前离开我后立即再婚。

咨询员：我注意到你还戴着结婚戒指。

史黛拉：是的，这对我很重要。

咨询员：你给我的支票还是哈利的户头！

史黛拉：我想我还是无法放开。

你是否有过一种经验，一首歌在你脑海回荡挥之不去？你能想到有多少歌是和放开有关的？下面且让我先提几首：

《往日情怀》（The Way We Were）

《道别的时候》（Time to Sya Goodbye）

《你要怎么办（当她说再见）》〔Whatcha Gonna Do（When She Says Goodbye)〕

《今天我不再爱她》（I Stopped Loving Her Today）

多数人一生中总有结束情感的经验，虽然那可能发生在青涩少年时代。奇怪的是这种共同经验却很少被研究，多数人似乎仍依赖诗人与词曲家来教我们如何结束情感。

什么是“放开”

我们先理清放开究竟是什么意思。请试着双手扣住，手指松松地交叉，然后两手往反方向拉，但手指不要刻意分开。如此你应该能感受什么叫“放开”，在这个过程中你必须痛苦地放下对另一个人的强烈感情。

最难放开的不只是情感，还有愤怒、心痛和报复心。一个人如果仍经常谈到前配偶，不论是以爱恋或愤怒的语气，都表示还无法放开。

人们在离婚的“蜜月期”里常宣称愿意继续做朋友，然后当抛弃者的愧疚感与被抛弃者的愤怒升起时，想做朋友的念头便不复存在。很多人往往因太努力尝试维持朋友关系而无法放开——无法让愤怒浮出来，帮助他放开。因此我们并不建议在离婚初期维持朋友关系，最好能等到你已完全放开时。勉强维持友谊只会延长这个阶段，以后反而可能做不成朋友。（当然，你还是可以维持礼貌甚至友好，但不是朋友。）

值得一提的另一个现象是“逃离的征状”，很多离婚者会有一段时间产生逃离的强烈念头。想要搬到一个新社区，远离前配偶的住所，避免碰到前配偶或以前的朋友。

柯琳嫁给一个大学教授，后来丈夫为了一个年轻女学生而离开她。有一天她开车在路上碰到前夫载着年轻女子，她还没有停好车就忍不住呕吐起来。这种景象真叫人情何以堪！

如果你的离开具有目标，例如为了新工作、娘家或旧友的支持，或任何有助提升生活的事情，或许离开是好的。但如果你是为了逃避面对不快的场面，应该三思而后行。现在的你已经承受很大的压力，迁往新环境往往会使压力更大。

乍看之下留下来或许比较困难，但留在原来的地方，痛苦地面对前配偶和他的朋友还是有一定的优点。（原来你的前夫是商会会长？我和他还蛮熟的。）逃离可能只是在掩藏与否定放开的过程。如果能留下来坚强走过去，通常能较快与前配偶谈话而心情不受影响，也能因勇敢面对而更有效跨越这个重建方块。

我们发现下面3种重建方块之间有很密切的关系：否定婚姻已结束、悲伤、放开逝去的关系。在往上爬的过程中，我们或许应该同时处理这3个步骤。

避免拖拖拉拉

我们要先对抛弃者说几句话。（被抛弃者也不妨听听，接着就会谈到你们。）

抛弃者往往为了避免愧疚而想要对被抛弃者“好一点儿”，但这只会使整个过程拖得更长。如果你决定做个抛弃者，就要展现出力量、勇气与坚定，这才是真正为对方好。

理察自认是个善意的抛弃者，每星期都和芭芭拉（被抛弃者）出去吃饭，理论上是希望她好受一点儿。但这么做就好像丢几片面包屑给一只饥饿的猫，结果这只猫无力靠自己独立觅食，但又总吃不饱。只要两人似乎还有复合的可能，芭芭拉就无法放开。真正对被抛弃者好也许不是这种方式，而是直接表明态度。理察其实是在对自己好——减轻他的愧疚感。

还有一些因素会延长放开的过程。例如冗长的诉讼、必须定期交换的孩子和宠物，或是住得太近。（住同一个城镇还可以，住隔邻就不必了！）共同的事业也是一个因素。（事业确实会增加放开的困难度，这部分的任何决定都要审慎权衡，你应该参考律师与会计师的意见。）

另一个问题是姻亲，离婚通常意味着和配偶的家人也切断关系。多数人在离婚时与姻亲的关系多已经破裂或非常疏离，但分开后有时反而会有相反的效果。有些父母对女婿或媳妇的感情甚至超越自己的子女。

放开是一项艰难的功课

不管情况简单或复杂，最大的问题是要如何放开？对很多人而言，最难的莫过于“如何停止爱一个人?”当然，如果你有其他资源，会比较容易放开。例如一份好工作、好的支持体系、支持你的朋友亲人、内在比较充实——当所爱的人离开时，这些都有助填补空虚。

你可以做一些具体的事情帮助自己放开。首先在家里巡视一遍，凡是会让你想到前配偶的东西全部丢掉。照片、结婚礼物、生日礼物或任何纪念品，以免让自己不断想到。你可以重新摆设家具，让整个家尽量和离婚前的样子不同。双人床尤其是重要的象征，你可以换上新床单，改变床的位置，换到另一个房间，卖掉或送人。

你可以将所有会让你想到前配偶的东西全部放到车库或地下室，某个周末你可能想要让自己尽情地悲伤一次，把所有的东西拿出来，完全沉浸在悲伤里。这可能会让你很沮丧，最好旁边有个人支持你。悲伤时尽量失控往往有助于尽快放开，你的悲伤愈是浓烈，所需时间愈短。

另一个问题是与前配偶之间的电话、信件或探访。如果显然是他拉着不放，你可能会觉得很烦。但你会容许同样的事一再发生，表示你自己也没有放开！这种事一个巴掌拍不响，如果你拒绝配合，对彼此都比较有利。你必须清楚表达立场，或甚至直接挂掉电话，把信原封不动退回。

你也可以下定决心控制你对前配偶的想念与幻想，每当你发现自己又在为他哭泣，想想婚姻中令你痛苦或不快的事情，如此你就会停止想他。或者你也可以选择专注于另一个意象或事情，而不是一味想着过去。

放开恐惧

我们还可以从比较抽象的层面探讨放开的问题。一种行为模式通常背后有一个根本的感觉，例如恐惧被拒、愧疚、恐惧自己没有人爱，或是自我价值感太低、缺乏自信等。奇怪的是我们的生活方式往往让最恐惧的事情有机会成真！例如我们害怕被拒，却有意无意地让自己变成容易被拒绝的人。如果我们需要愧疚感，便总是让自己有机会产生愧疚感。

当泰瑞莎与派崔克来接受婚姻咨询，他的行为模式是被拒，她则是愧疚。两人的病态需求配合得天衣无缝！多年的婚姻里，她因为他感觉被拒而产生愧疚感。她让自己有愧疚的理由，从而不断喂养他的被拒感。

当婚姻结束，我们常反应出这个根本的感觉。如果你的根本感觉是被拒，离婚时你特别有强烈的被拒感，如果是愧疚，则有强烈的愧疚感。问题是这感觉往往太强烈，让人难以在承受的同时还能放得开。

如果你觉得很难放开，不妨自问："如果我真的放开对方，最强烈的感觉会是什么?"也许你的不愿放开其实是在掩藏你无法面对另一种痛苦的感觉。也许放开意味着你必须直接面对被拒感，因此你宁可紧抓不放。也许你应该先直接面对内心深处的感觉，必要时不妨求助救命型的朋友或婚姻咨询专家。

投资自己

走过重建方块的目标是投注心力追求个人成长，而不要再浪费时间在逝去的婚姻上。投资逝去的情感不可能有任何回报，最大的回报还是来自投资自己。

协助孩子放开

离婚的孩子必须放开过去双亲家庭的概念，突然之间他必须面对单亲家庭和一个没有监护权的父母。即使采取联合监护，孩子仍得适应不同的生活方式。当然，最理想的状况是双方的亲子关系都不降低品质。

父母是否能够放开也可能影响孩子。如果孩子不断听到一方谈另一方的好处或坏处，放开可能就成为孩子很重要的重建方块。如果父母自己无法放开，孩子很容易受到父母正面或负面的影响，更加延长孩子的调适期。

你表现得如何?

现在请先停下脚步，抛开所有让你继续投注心力在逝去婚姻的感觉。纵身跳一跳，感受内在的力量，摆脱掉一直在你背上的沉重负荷，体验放下婚姻重担的自由感。

最后请检视下面问题，你真的放开了吗?

1.现在我只会偶尔想到前配偶。

2.我很少幻想和前配偶在一起。

3.想到他时我不再难过。

4.我不再试着取悦前配偶。

5.我已接受两人不可能复合的事实。

6.我不再找借口和他谈话。

7.我很少和朋友谈起前配偶。

8.我对前配偶已不抱任何男女之爱。

9.我不再希望和他有性关系。

10.我已放弃对他的情感付出。

11.我可以接受他和别人恋爱。

12.我感觉自己是单身，而不是还爱着他的人。

13.我不再对他愤怒。

或许我也不差

对自己满意没什么不对，你可以学习对自己更满意，从中找到力量应对生命的危机。

当你面对危机能调适得很好时，你会对自己更满意！

如果你已经历自我认同或反叛的危机，也可能对婚姻造成很大的压力。

自我价值

小时候父亲经常警告我别太自大、太自以为是。到教会，牧师说我生下来就有罪。在学校，受到注意的都是运动健将和比较聪明的人，根本轮不到我。然后我结婚了，以为终于有个人认为我有价值，有人在乎我，能给我好的感觉。没想到她却变成一个最会挑剔我的人，到后来我开始相信自己是个没有价值的人。就在这时候我决定离婚。

——卡　尔

哇！这段路挤满了人，大家好像都无力再往上爬了。有的沮丧地坐在石头上，似乎一点儿力气都没有；有的躺在地上像块踩脚布等着别人踩过去；有人的脸看得出常被批评，自我价值感低落；有的几乎是隐形人，仿佛被一面盾牌遮住，又像溶入背景无法分辨。

你是否注意到有些人走到哪里都跟着一朵乌云！雨落在他们身上，却没有淋湿周围的人。你看那个女人似乎不知把乌云遗忘在哪儿了，焦急地东张西望，还不小心绊到石头——她是在寻找失落的乌云吗？果然那朵乌云很快便追上她，雨又落在她身上，她好像反而比较满足呢。

自我价值的重要

这段路我们要探讨的是自我价值及如何提升它。自我价值又称为“自我概念”或“自尊”，指的是你如何看待自己，你对自己身为人的价值抱持何种基本信念。这是很严肃的问题。

布鲁斯在成长过程中一直以为只有自己有“自卑情结”，殊不知这是非常普遍的心态！（其实每个人不都有些自卑?）

当离婚课的参加者被问到是否想要提升自尊时，通常每个人都会把手举起来！可见这个重建方块有多重要。

你是否想过自我概念是与生俱来或因后天学习？现在的心理学家认为两者各半。我们显然都具有某些特殊倾向，同时在早年会从周遭的人学到很多自我观感，包括父母、兄弟姐妹、老师、牧师、亲戚。其后基本的自我概念强烈受到同侪的影响，尤其是青少年时期。长大后配偶成为认可与回馈的主要来源，对我们的自我价值影响甚巨。

很多婚姻会结束，是因为先前就已发展出对一方或双方的自我概念有害的互动模式，甚至严重到无法结束婚姻，认为自己连离婚的资格都没有！例如一个受虐的妻子可能认为自己活该身心受虐。她不敢想离婚，因为她确信自己一个人绝对过不下去。很多人会等到自尊严重受损才终于走出婚姻。

然而真正分开了，自我概念却也跌到了谷底。有些人的自我认同完全建立在婚姻上，以致当婚姻失败，自我认同也跟着破灭。

布鲁斯请刚离婚的人填写“田纳西自我概念表”（一种衡量自我价值的心理测验，只须用纸笔填写），发现这群人的平均分数比一般人低很多，可见结束婚姻对自我概念的伤害确实很大。事实上这时候人的自尊可能是一生中的最低点。有的人情感会因此陷入瘫痪，无法正常工作、教养孩子或与他人互动。

进一步分析这些人的分数会发现，自我概念较好的人离婚后适应得比较好。研究证实了我们的常识判断：自我概念好的人比较能面对人生的危机。

自我价值感显然对我们的生活方式影响很大。结束婚姻通常对自我概念有害，多数人在经历了如此重大的人生危机后都需要提升自我观感。最重要的是自我观感确实可以提升，这一点让人充满希望——你可以再学习，可以成长与改变！不必一直禁锢在过去低落的自我价值感里。

提升自尊的11个步骤

布鲁斯持续在离婚与个人成长课里教导了25年，参与者在10周的课程里最显著的成效是改善自我价值。他们究竟使用了哪些技巧？为什么会有那么大的改变？下面我们将与读者分享这些方法，或许可以帮助你提升自我价值。这不是什么神奇魔法，你的自我观感当然也不会一夕改变，但我们希望你试一试，结果应该会令你惊喜。

第一步看似简单，却常被忽略，就是你必须下定决心改变。几年前布鲁斯曾经很挫折，他的几位学员头顶上似乎总笼罩着乌云——就像前面说过的那个女人。当治疗有些进展，这些人会开始感到不安，四处寻找乌云，期待雨再降落！

布鲁斯在挫折之下，决定独自到落基山汤普森峡谷散散心。在靠近山顶时，他看到一小块告示牌，标示该处有一棵洋松被风连根拔起，树干倒在地上不知经过多久，尾端竟弯曲起来继续向着阳光生长。新的树枝向天空伸出20尺，因为旧树根多已冒出地面，让人怀疑这棵树如何能存活这么多年！除了主干，旁边还有很多新枝向着天空生长，其中一枝甚至高达30尺。

布鲁斯道：“我对自己说，这棵树被连根拔起，就好比一个人遭遇离婚危机时，但这棵树发挥最大潜能，继续向天空生长，这股生命力真让人感动。我明白了我们每个人内在都有一股力量，纵使遭遇将人生连根拔起的危机，也可以帮助我们将潜力发挥到最大。那棵树不断向天空伸展的姿态让我深信：自我概念可以改变。”

我们必须寻找及倾听内在情感能量的源头，因为这也是潜能发挥的原动力。当你找到时——不论你称之为宗教的灵魂、心理学的自我、内在的源头或生命力——你都可以按照自己所希望的目标去改变。现在就深入你的内在寻找，努力变成你所希望的人。

当你下定决心改变自我概念后，几乎生命中每个部分都会受到影响：你的工作、人际关系、教养孩子的方式、将来选择的伴侣，以及最重要的——你对自己的感觉。当你的自我概念开始改善，你的性格与生活可能都会产生重大改变。下定决心是第一步，可能也是最困难的一步。但只要你的决心够坚定，接下来的步骤就会容易许多。

第二步是改变看待自己的方式。多数人可以轻易列出最不喜欢自己的20件事，为什么不试着列出你最喜欢自己的20项优点？当我们在离婚课里提出这项功课，很多人开始抱怨：“列两点可不可以？”还有一个学员半夜打电话来说：“你在整我吗！我教完书回到家开始列优点，想了一个钟头才列出第一项，第二项又花了差不多一个钟头。现在已经11点了，我只能列出5点！”对他而言，这是10周课程里最重要的功课。

这确实是很重要的功课，请花点儿时间慢慢想，务必写出20项再继续下一步。

第三步是把你的优点大声说给别人听。写给自己看也许比大声说出来容易，你以前听过的很多讯息开始在心里呐喊：“不要太自大！”别管这些讯息，拿出你的名单找个朋友分享，鼓起勇气打破负面的旧模式。对多数人而言，思索自己的优点还不太难，但要大声说出来确实需要勇气。请记住，要改变自我概念本来就不容易！

如果你在成长过程中有其他好批评的人影响你，这些内在声音会特别刺耳。罗斯说他无法做到第三步，因为父母老是告诫他“不可自大”。他在中学时是体育健将，本可以借此建立自信心，但父母的影响太大，因此他学会了“谦虚”，长大后仍然无法大声说出自己的优点，总觉得父母会不悦。听起来似乎有些可笑，罗斯可一点儿都笑不出来。后来他终于面有难色地在课堂上读出自己的优点，读完后大家为他鼓掌，他说：“天啊，这种感觉真好！”

第四步比较困难：重新检视你与他人的关系，做必要的改变以打破负面模式，创造“全新的你”。

你有很多自我概念都是因别人的回馈而获得印证，请仔细检视你的人际关系，哪些对你的自我概念具建设性？哪些关系其实弊多于利？如果你发现你的某些人际关系对自我概念有害，你可以选择中止关系，或努力使它变得更正面。旧有的互动模式通常不易改变，但继续留在一个虽熟悉但有害的关系里，等于阻碍了自我成长的道路。

布鲁斯曾担任观护员，常听到人们说，犯错的青少年“只要换一群朋友”就可以解决问题。事实绝非如此简单，除了朋友圈之外，这些青少年还需要改变对自己的感觉。他们通常从别人那里寻找与自我概念相符的回馈，也就是说，同侪关系能大大强化现阶段的自我概念，一方面是他们所选择的朋友本来就会反映自我概念：“我觉得和他在一起最自在。”

改变人际关系很困难，因为人往往倾向于遵循旧模式，而选择能强化自我概念的人交往。但如果你真心希望提升自我观感，就必须投资在正面的关系上。

第五步是抛开脑中负面的自我思想。我们都听过脑子里有一些讯息，很多都是源自父母、师长、牧师或其他重要成人：“小心不要因为一点点成就便冲昏头。记住，自满与自私都是罪恶的。你以为自己很聪明，是吗？”这类讯息有害，会妨碍你提升自我概念。长辈原先的目的是管教与控制，只可惜到头来对听者往往没什么帮助。

长大后我们可以选择要不要继续听这些讯息。不妨试着大声说出你自己的想法并写下来，想想看内容是否恰当。用“成人”的眼光分析这些“父母的”或“幼稚的”讯息对现在的你是否合理健康，然后去除掉有碍提升自我观感的部分。

你可能觉得需要一个管道宣泄这些负面感觉，例如在婚姻咨询或心理治疗时、和救命型的朋友谈话时，或是自省时。请把这些讯息写下来或录下来，你必须“把过去的情绪垃圾清理掉”，让它们不再控制和影响现在的你。容许自己将旧的负面讯息倾倒、抒发、表达、诉诸文字，然后把一切放开。去除这个障碍后，继续朝改善自我概念前进。

第六步乍看之下有些可笑，但对离婚课的学员楚蒂很有帮助。写下自己的优点，贴在家里各个醒目的地方。例如你可以写下：“你的笑容很美。”也可以写下前述20项优点。

楚蒂刚来上课时像个活死人，做事情很难专注，但这个练习却发挥了神奇效果。隔周她告诉我们，她大概写了100张纸条，有一张甚至贴在马桶上！她变成一个完全不同的人，她的自我概念奇迹般改善了！写下自己的优点显然对她很有效。这么戏剧化的改变并不多见，但可突显积极努力的潜在效果。

第七步是敞开心灵倾听别人的赞美。人们往往只听到自己想听的，如果你的自我价值感较低，通常只会听到别人的负面评价。有人称赞你时，你会否定、忽略或合理化：“他们只是说说而已，不是真心的。”有些人真的会竖起耳朵不听任何正面的话，因为这与他们的基本自我概念不符。下次当有人称赞你时，试着沉浸在称赞里，不要把耳朵遮起来。刚开始你也许不太习惯，但这是改变负面模式的重要起点。当你能听进正面评价时，你的自我观感就能提升。

第八步是行为上做出具体的改变。决定你要改变性格的某个部分，例如多和人打招呼，准时上班或上课，不再拖延小事（如早上起床叠被子）。决定在下周的每一天都做这项改变，最好选择简单一点儿的事情开始，让你能够达成且有成就感。第一周不要安排极难的改变，那会增大失败的机会。

也许你可以在日历上打钩，每天给自己一点儿奖励。当一周结束时你回头看，会说："我做到了！我改变了一点儿！我这部分的性格已经不同了。"完成第一项改变后，第二周再开始另一项改变。如此连续几周后，你会发现自己已有了重大的改变，自尊也提升了。

第九步是最有趣的：多与人拥抱！我们的社会对于以触摸的方式表达情感几乎有一种恐惧，可能有一部分源自于对性的过度强调却又保守的心态，对于被拒绝的恐惧，对于侵犯对方个人空间的不安。很多人无法分辨友善与性暗示触摸的不同，甚至完全避免触摸与拥抱。但也有很多国家已克服（或从没有）这种心理障碍，能够比较自在地以触摸表现情感。

朋友一个热情而有意义的拥抱往往胜过千言万语，拥抱能抚平伤口，帮助人快速提升自我概念，让你感受到自由、温暖与自我价值。"我值得被拥抱！"这可能是我们听过最温暖的讯息。如果你能克服触摸的恐惧，甚至主动要求拥抱（只要你觉得需要），这对提升自我观感有很大的帮助，而且在过程中你会得到很大的快乐！

第十步建议你努力增进与他人的沟通。许多人离婚后最大的成长经验来自与好友的沟通。但务必做到双向坦诚的交流，袒露你从不曾说出的心事。心里想什么就说什么！这样的对话就像一面镜子，能让你看清别人眼中的自己。

第十一步则与专业协助有关。在提升自我概念之前你可以选择一个心理医师，在那里你可以安全地畅所欲言。专家的引导或可让你更快速地提升自我概念。心理治疗已不再像以前一样被附上社会标签，现在多数的心理治疗都不再治疗"心理疾病"，而是以个人成长为目标，或是为了解决特定的生活问题（如压力）。

只要你努力做这些练习，应该可以像离婚课的学员有同样的效果，你唯一要丢掉的是低落的自我观感！请把这段路当做个人成长的重要阶段，这对你整个人生的影响可能胜过其他所有的重建方块。

孩子的自我概念最脆弱

请留心离婚也会对孩子的自我概念造成很大的冲击。突然间生活被连根拔起，孩子往往感到被拒、寂寞、疏离，甚至愧疚，不明白自己做错了什么事导致父母离异。

如果孩子正好处于自我概念较脆弱的成长阶段，离婚的调适问题会变得更复杂。举个例子，研究显示中学对多数孩子而言都是成长与发展最困难的时期。青春期带来身体的剧烈改变：身高、体重、性征、体毛、声音等。突然间孩子的自我认同也产生变化，有了新的态度与感觉（如被异性吸引），同侪关系变得更重要。即使在最佳情况下，这个快速变化的时期对青少年的自我概念仍然是很大的挑战。这些孩子一方面要面对自己的剧变，一方面要应对父母离婚的压力，自我概念极容易受影响。

本章的练习很适合与你的孩子分享，事实上，如果能一起练习将更有助于增进家人的沟通。我们建议离婚者透过上述11个步骤提升自我概念，同时协助孩子也遵循同样的步骤。

你表现得如何？

下面是这部分的评量表，同样的，请花点儿时间慢慢回答。如果多数问题你都能自在回答“是的”，表示你已做好准备可以继续向上爬。请小心步伐！

1.我愿意努力改善自我概念。

2.我决心改善自我概念，虽然我知道这会改变生活的许多层面。

3.我喜欢做我自己。

4.我自认是个富吸引力的人。

5.我喜欢自己的身体。

6.我自认有性吸引力。

7.多数时候我都有自信。

8.我很了解自己。

9.我乐于当男人（女人）。

10.我不再因为婚姻结束而觉得是个失败者。

11.我自认有能力建立深刻有意义的关系。

12.我会乐意和自己这样的人做朋友。

13.我愿尝试用上述11个步骤改善自我概念。

14.我自认我的话语对别人很重要。

15.我有自己的认同。

16.我相信能改善自我概念。

17.我有信心解决眼前的问题。

18.我有信心走过这次危机，做好调适。

19.我可倾听别人的批评而不会生气或采取防卫的态度。

我已觉醒，决定抛开旧包袱

早年的经验对我们影响极大。

童年时期的经验，以及你与家人、朋友、情人之间发展出的心态与感觉必然会延续到婚姻里。

其中有些心态与感觉对你是有帮助的，有些则否。

还有一些常见的包袱会造成长大后的问题，包括反叛某种限制（如父母的规则）的需求，

或是争取控制权的权力斗争。

请探讨哪些影响是有价值的，值得你继续保存与培养，至于会阻碍成长的则要努力去除。

过渡

我做孩子的时候，话语像孩子，心思像孩子，意念像孩子；既成了人，就把孩子的事丢弃了。

——圣保罗（《圣经·哥林多前书》十三：11）

现在我们已爬完一半以上的山路了，在继续往前走之前也许应该仔细检查一下行囊。很多人背了太多不需要的重物。鲍伯记得第一次登山时，背了一公升的水到加州内华达山脉1.1万尺高的营地，到达山顶时才发现多背了一公斤的水走过5里雪地。

你是否也背负着没有用的旧包袱？这多余的负荷也许来自上一次婚姻，或是与父母、同学及其他人的关系。现在该是卸下包袱的时候了！在这一章里我们将检视最常见的包袱，探讨其根源与处理方式。

布鲁斯发现课程的学员都不太了解4项主要包袱的重要性：亦即原生家庭、童年经验、混乱的叛逆期、令人感到挫折与无望的权力斗争。这些因素通常直接影响婚姻的结束。

这4种影响力互相重叠，界线并不是很清楚，但我们可以约略区分如下：原生家庭因素是你出生前父母家庭所发生的事。从你出生到离开家是童年经验（包括这时期发生在家庭之外的事，如学校、教会、社会）。叛逆期是指你努力寻找有别于家庭与社会期待的个人认同的时期。权力斗争涵盖所有各方面未解决的问题，包括上述3个领域。

（本章的内容延续“否定”一章的讨论，旨在帮助读者更了解婚姻结束的原因。如果你想要了解如何让婚姻更成功，我们建议你阅读布鲁斯的另一本书《Loving Choices》。）

原生家庭的影响

原生家庭是你成长的家庭。你的父母、兄弟姐妹、祖父母、伯叔姨舅都会严重影响你对家庭的概念。其中你所得到的多数概念可能是健康的，但也可能有不健康的成分。

现在请试着回想你的婚姻是如何开始的。如果你可以想象双方“重要的长辈”互相结婚，大概就知道你未来的婚姻是什么样子。（例如想象布鲁斯的父亲娶了他前妻的祖母。这两人从来没见过面，但见面的结果一定是场灾难！）当然这并不表示就毫无希望：我们还是可能超越原生家庭的互动模式。不过，很多人可能会发现促使你们离婚的因素就是“你与配偶身上彼此父母的影子”。

布鲁斯问过很多国家的观众下列的问题：“你们之中有多少人希望将来的婚姻和父母的一样？请举手。”结果举手的不到5%。如果你不希望婚姻像自己的父母一样，那么你要的是哪一种婚姻？

有些原生家庭的影响明显而容易理解。我们通常和父母隶属同样的政党、宗教团体，住在同一个地方。比较反叛的人会想要独立，选择完全不同的路。但即使在叛逆期，依旧深受原生家庭的影响。

其他较不明显的影响还很多，布鲁斯说：“我前妻来自一个女人至上的家庭，我来自一个男人至上的家庭；我们受原生家庭的影响就是要决定男人或女人当家（她认为我赢了，我认为她赢了）。”

另一个影响是金钱的处理方式。布鲁斯的经验是：“我母亲那一边的男性处理金钱的态度很不负责，她学会节省与掌控金钱。她当然也无法摆脱原生家庭的影响，嫁给一个和她家人一样不负责任的男人。”很多人结婚时以为可以逃避原生家庭的影响，到头来却发现依旧在延续原来的模式。

读者可能会反驳：“不对，如果你父亲比较强势，怎么会是你母亲在管钱?”答案可以从社会学的家庭研究看出来，可能也适用于你的家庭。“家里的女人”通常比表面更有势力，只是她可能以比较间接的方式发挥力量。表面上管事的人是我父亲，而实际上是我母亲在掌控经济。

你可能会感到有些困惑，你以为配偶弥补了你所欠缺的父亲或母亲的角色，结果却是你自己在扮演那个角色。你是否还记得“调适”一章所讨论的调适的行为模式？多数人在童年形塑时期若有未获满足的需求，都会学习以某种方式调适应对，表现在行为上往往就是成为一个“父亲”或“母亲”，亦即给配偶你自己渴望得到的东西。

你对原生家庭的影响还感到怀疑吗？下面的练习或许对你有帮助：列出父母之中对你影响较大的一方处理各种情绪的方法：包括愤怒、愧疚、被拒、寂寞、恐惧、亲密。然后列出你自己的处理方法，两相比较你就能明白自己所受的影响是否真如你所想的那么少。除非我们能用心去探讨并超越原生家庭的影响，否则情绪反应往往和父亲或母亲如出一辙。

值得注意的是，离婚者在做上述练习时列出的主要影响力可能不是来自父亲或母亲。当父母实质上或情感上并不存在时，很多人会找一个“替代的父母”来弥补。

欠缺父爱或母爱的人常会希望从配偶身上得到补偿，事实上每个人内在都会渴望配偶扮演父亲或母亲的角色，只是渴望的程度因人而异。这样的婚姻最后通常不会有很好的结果，很少人乐意帮另一半喂奶换尿布，弥补童年失去的父爱或母爱。

原生家庭的影响当然非常复杂而深远。完整探讨这个问题已超出本章的范围，很多相关问题如排行、诿过、界线、家庭三角关系、仪式与传统、秘密、酗酒吸毒等对一个人的性格与婚姻都有很大的影响。现在我们且做一个简单的结论，每个人都应该醒悟自己受到哪些原生家庭的残余影响，学习在婚姻里找到调适的方法。

治疗原生家庭的影响

琳达是受原生家庭影响的典型例子。当她明白了她嫁给诺亚是因为他很像与自己有心结的父亲时，两人的婚姻也开始走向终点。我们可以从两种角度来理解。琳达所选择的丈夫可能很像她所不喜欢的父亲，因为这种关系虽然痛苦，却是她所熟悉的。或者她的丈夫其实并不像她父亲，但当她开始治疗父女关系的伤口时，便将诺亚变成供她治疗的对象，她会指责他：“你老是对我颐指气使，就像我父亲一样。”事实可能并非如此，但父亲的颐指气使让她积压很多愤怒，她感觉丈夫也是如此。

当一方或双方开始醒悟自己的婚姻和父母相仿时，显然便遭遇了一个难题。他们必须接受父母的婚姻（而不再鄙夷），或者必须将自己的婚姻改变成理想的模式，否则便会认为自己的婚姻很失败。（事实上失败的不是婚姻，而是亲子关系的治疗。）

童年的影响

我们很早就开始对自己、对世界、对人际关系产生一些信念，学习自我观感与自我价值，学习这个世界是否安全，周遭的人是否可以信赖。学习被爱的感觉，学习不被爱时如何调适。我们也可能发展出被拒与被弃的恐惧，学习“接受”或“不接受”自己。

你是否尝试过赞美一个自尊低落、自以为不够好的人？通常对话是这样的：“我喜欢你的发型。”“我只是洗一洗而已，根本不会弄。”“你今晚穿的洋装好漂亮。”“你说这件旧洋装？我是在大卖场买的。”赞美让这种人感到不自在，因为他“内在的小孩”无法同意！他们很早就已学会相信自己是“不够好”的。

不论你在成长过程中有哪个部分没有完全发展，长大后总会尝试从人际关系中继续发展完成。一个人若是早年养成低落的自我价值感，可能会想在婚姻里提升自我价值，但又因为无法相信配偶的赞美而遭遇困难。“你称赞我的发型不过是想让我高兴！”

要改变一个人“内在小孩”的信念，光是几句赞美是不够的。如果你的“内在小孩”有自尊低落的问题，我们希望你特别用心阅读“放开”一章。也许你可以回到那段山路，再做一点儿功课。（请务必完成其中的作业。）

另一项深远的童年影响是出生第一年的情感联系。如果父母对亲密关系很自在，经常怀抱婴儿，看婴儿的眼睛，孩子比较能学习与人亲密。反之，早年没有学习情感联系的人会尝试在婚姻中继续学习，但又往往不自知，甚至把配偶推得远远的。他们渴望亲密关系，但真正接近时又会“临阵脱逃”。

治疗童年的影响

尝试治疗负面童年影响的例子很多。例如一个男人可能一直像个孩子而又不够负责，却抱怨配偶像他的母亲，于是他开始外遇。但仔细观察会发现他是在找寻另一个母亲的形象来满足童年欠缺的母爱。真正的问题可能不是外遇，而是内在小孩的需求未获满足。

如果你希望更深入探讨原生家庭及童年的影响，我们强力推荐你阅读维琴尼亚·萨提尔的经典著作《家庭如何塑造人》（台湾张老师文化出版）。

叛逆期：通往成年期的崎岖道路

我们最常背负的包袱是未能真正反叛父母的规则而成为独立的自我。如果你或你的配偶将这个包袱带进婚姻里，恐怕会严重威胁婚姻的成败。

每个青少年都会经历一段寻找个人认同的叛逆期，这是迈向成年期的必经过程，却往往对家庭造成很大的压力。下面我们就来分析其中的几个关键阶段——布鲁斯将之区分为服从阶段、叛逆阶段（外在与内在）、爱的阶段。

*服从阶段

此阶段是一个人还很年轻、顺从、想要取悦父母的时候。在这个阶段里孩子抱持和父母相同的道德与政治观，隶属同样的教会，行为表现符合父母的期待。服从期的孩子基本上是父母的倒影，就像刚生下的蛋一样没有自己的特色。这时候孩子使用的语言多是充满禁忌："别人会怎么想？我一定要小心做好我该做的事，要遵循社会的规则，符合社会的标准。"

*叛逆阶段

到了十几岁或更晚，你可能开始进入叛逆期，想要破壳而出。这时行为模式开始改变，会去做"不应该做"的事，尝试挑战极限。这个阶段极具实验精神，会尝试许多不同的行为。蛋壳里的小鸡逐渐成长，展开自己的生命，开始要啄破蛋壳。这时期常用的语言是："我要走自己的路，我不需要你帮忙。如果不是因为你，我一定能成为我希望的那种人。你们可不可以不要管我？"叛逆期又可分为两个阶段：外在的叛逆与内在的叛逆。

*外在的叛逆

当一个人觉得内在压力大到难以负荷——无法再承担原生家庭、

童年、社会的期待时，通常会开始出现认同危机。他会认为这些行为其实是过度负责、要求完美、取悦别人或逃避感觉，于是就像希腊神话中把世界扛在肩上的阿特拉斯：开始厌倦一切。当叛逆期的配偶想要逃离现实，便开始像个叛逆少年一样寻找有别于父母与社会期许的另一种认同。

叛逆期的行为很容易预期。（努力追求不一致的叛逆行为，却有高度的一致性，这岂不是很有趣？）下面举出外在叛逆的典型行为。

感到不快乐、压力沉重、窒息、被禁锢。认为配偶要为自己的不快乐负责，可能会说："只要你能改变，我就会比较快乐。"往往将自己的问题投射到别人身上，尤其是配偶。

喜欢做一些以前无法自在去做的事，例如开始寻欢作乐，而且不明白这么快乐的事别人为何无法理解。他的配偶可能会说："这不是当初和我结婚的那个人。"

过去太负责任，现在反而变得不负责。可能会找一个比较不稳定的工作或干脆辞掉工作，有位配偶说："我有4个孩子，其中最老的一个是我丈夫。"

他找到可以谈心的对象。可能会告诉配偶："我从来无法和你谈话，现在终于找到一个了解我，真正用心倾听我的人。"他的对象通常比较年轻，俨然是婚姻的威胁。两人的关系看起来就像外遇，但这个身处叛逆期的人通常会否认。所有人都相信他们有性关系，实质上两人的关系通常只是精神层面的。

外在叛逆期常用的语言是："我对你有感情但不是爱情，我以为我知道爱是什么，其实我不知道，我甚至不确定我是否爱过你。""我需要离开婚姻去寻找自我，我需要你给我情感的空间，我要寻找自己的世界，再也不要被吸入你的世界，我要做我自己。""你让我想起我的父母，我不想和这样的人在一起，我在几里外就可以感受到父母给我的压力。"

如果这些行为全部出现在婚姻里，你还会奇怪婚姻为何结束吗？人们往往只看到上述每一种叛逆行为的表面意义，认为是针对自己，以致情感与心理严重受创。其实这时候你唯一能做的是静观其变，看看叛逆期的配偶能发生多少改变与成长。你必须了解这是身处叛逆期的人内在冲突的结果，和你其实没什么关系。叛逆者想要抛开过去的人与关系，却常在这个过程中失去了配偶。

*内在叛逆期

当叛逆者找到足够的勇气与智慧向内省思，可能会发展为内在的叛逆，他发现真正的战争在自己内心，基本上是“应该”和“想要”的部分互相冲突，也明白了自己其实是想要摆脱原生家庭与社会的期待，而不是要对抗配偶或其他代表父母形象的人。

叛逆者的配偶通常会等待他“回归正常”，相信婚姻终究可以挽救。配偶视叛逆者为“病人”，不认为自己有任何责任要解决问题。

另一方面叛逆者的配偶通常已精疲力竭，身心受创。他没有认清婚姻是一个系统，婚姻的问题两人都有责任。他只看到配偶的行为，认为对方要负全部责任。抱持这种态度的人通常没有勇气与力量去做好自己的功课。

叛逆绝非偶发事件,叛逆者的配偶通常是父母型的人,可能有意无意地寻找一个需要被照顾的配偶。“我知道怎么样对他最好,只要他肯听我的就好了！”控制的需要使他们无法接受叛逆者的“失控”表现。

叛逆者的配偶不应等待风暴过去，而应利用这个机会内省，追求个人成长。

*爱的阶段

最后叛逆者开始获得自我认同，不再处处受制于“应该不应该”的问题，而能够从爱的出发点做出人生的抉择。比较能够爱自己与别人——尤其是他的父母。

这个阶段常用的语言是表达接受与理解的讯息：“父母已经尽了

最大的力量，他们确实曾经犯错，也常常让我生气难过，但他们已尽力，我能够理解，也能够接纳。”

我们称之为“爱的阶段”，因为这时候叛逆者已有了独立的认同，能够以成人的身分爱别人，而不再是基于幼稚的期待。在服从期一个人做的是应该做的事，叛逆期做的是不应该做的事，在爱的阶段则是做自己想做的事。爱的阶段所做的事往往与服从阶段很相似，但背后的动机完全不同。这个阶段不再想要取悦任何人，而只是为了让自己满意。

成熟的3个困难阶段

	服从阶段	叛逆期	爱的阶段
语言	“我该怎么做?” “我会完全照你的希望去做。” “请你照顾我。” “你是我的一切。” “我只希望你快乐。”	“如果不是因为你……” “我不需要你的帮助!” “别管我!” “不管怎样我就是要做。” “只要感觉对就应该去做!”	“我已考虑各种可能。” “我会为自己的选择负责。” “也许不会成功，但我愿意试一试。” “我们都可以从中得到快乐。”
行为	“顺从，配合别人，一致，谨慎不冒险，重视的责任而非选择。”	自我中心，自私，不负责任，诿过他人，不稳定，不谨慎，幼稚，喜欢和年轻人“搅和”，喜欢跑车、时髦的衣服、性。	自我提升，尊重他人，负责，弹性，坦诚，愿意冒险，能从错误中学习，根据事实做抉择。
成长的步骤（自己）	开始信赖自己，开始尝试冒险，开始坦诚承担责任，开始尝试新的行为。	尝试正面的活动：进修、正当娱乐、运动、交友、培养嗜好、参与社区活动。接受心理治疗（与配偶一起?）与配偶、朋友、心理医师谈谈，维持道德伦理的平衡。	努力提高自觉，努力接纳自己，学习坦诚的沟通方式，发展亲密的纯友谊，明确表达愤怒，在亲密关系中维持独立与互赖的平衡。
（配偶）	鼓动配偶追求成长，减少对配偶的依赖，必要时共同接受心理治疗，当“叛逆期”开始时准备接受风暴!	保持稳定与耐心，等待配偶成长，耐心陪他谈话，鼓励共同接受治疗，认清配偶反叛的是服从阶段的禁忌而不是你!	

总　结

上表将这3个阶段的过程做一整理，列出各阶段的典型特征：包括语言、行为、有用的成长步骤等。请注意这些阶段都是非常个人的，有时候虽可找出共同的模式，但每个人的经验都是独一无二的！

过去多年来，课程的学员提供了很多“服从/叛逆/爱”等3阶段的例子。

有天晚上艾洛丝很愤怒地来参加课程，因为她的前夫赖瑞正经历叛逆期，带给她很多痛苦。赖瑞在服从阶段时是小学校长，为了减少行政责任转而担任教师，然后他遇到一个和他“很能沟通”的女人，帮助他“发现自己是谁”。当然，赖瑞对这段新关系非常兴奋。有一天他的幼子去看他，赖瑞送儿子回去时，顺带送回去满满一箱的衣服，并附上一张纸条向艾洛丝解释现在的关系有多棒。不用说，艾洛丝差点儿气炸了！刚好那星期我们的课程讨论的是叛逆阶段，艾洛丝开始明白赖瑞其实是在尝试成长，尝试摆脱过去残余的影响，也因此她可以抛开一部分的愤怒。

葛瑞欣在上这部分的课时非常兴奋，她的丈夫查尔斯是大学教授，在叛逆期和一个女学生跑了。整件事让她觉得很疯狂，直到她听到服从/叛逆/爱的成长理论。她明白查尔斯是想要摆脱过去的期待，找到自我的认同。现在她终于在看似疯狂的事件里理出一点儿道理。(结果并未挽救她的婚姻，但至少她懂了！)

比尔告诉大家3年前他的婚姻遭遇危机，就是因为他的妻子经历叛逆阶段。他和夏绿蒂一起接受婚姻咨询，心理医师制止她的叛逆行为，敦促夏绿蒂“表现出应有的行为”——亦即告诉她继续留在服从阶段。比尔觉得在当时那是一个错误，两人的婚姻又维持了3年，成长的压力突然又迫使夏绿蒂再度叛逆，变得“完全不负责任”，甚至没带任何衣服就离家出走！其后3个星期音讯全无。回首这段痛苦的日子，比尔的感受是人们也许应该注意自己的心理医师究竟处于哪个成长阶段！

很多人会问，既然许多婚姻是在一方处于叛逆阶段时结束，是否有任何方法可以让婚姻在这个阶段继续维持下去？如果叛逆者可以专注内省，明白自己与过去的父母形像正发生内在互动，或许就能直接面对所有的责任、义务与期待。如果能以言语讨论替代叛逆的行为，对周遭的人或许伤害会小很多！

其实一个人不难在婚姻里找到叛逆的空间，例如透过心理治疗、进修、参与社区服务、娱乐、运动项目或其他活动与别人交往，叛逆者似乎总要找机会实验不同的行为，尝试新的人际互动方式，以及配偶之外的互动对象。如果配偶能了解状况——知道叛逆者是在解决内在的冲突，与配偶无关——或许可以放手让对方去完成他的成长功课，而不必让婚姻关系陷入紧张。

叛逆者也必须认清自己的行为其实是反映出内在的冲突，责任不在对方身上。配偶则必须努力治疗自己“内在的小孩”，因为他习惯于照顾与控制他人的模式通常源自需求未得到满足。

权力斗争的风暴

很多夫妻会为了牙膏怎么挤或卫生纸怎么放而吵架，他们或许以为吵出了一个结果，事实是这些事从来没有获得解决。最后双方都会觉得无望、无助、厌倦争执。争执的方式可能是热吵——尖叫、愤怒、责骂，也可能是冷战——沉默、出走、生闷气或以其他消极的方式尝试掌握控制权。

两人都不再讨论或分享感觉，说话时总是使用“你”开头的讯息。双方都已放弃寻找亲密感，只有争执时感受到某种虚假的亲密。两人都不愿意输，因此都想尽办法要赢得这场战争。

权力斗争就像炉子上沸腾的一锅热汤。锅子里是双方投射入婚姻里的所有未解决的问题，炉火是深信别人要为自己的快乐或不快乐负责。当初两人结婚时以为从此过着快乐的日子，如果蜜月可以一直延续下去，一切似乎都没有问题。但当蜜月结束后，开始有时会感到不快乐，当初为他的快乐负责的人现在要为他的不快乐负责了。然而，当一个人相信别人应该为自己的快乐负责时，也就等于放弃了自己的权力。

抚平权力斗争的风暴

当每个人开始为自己内在未解决的问题负责时，权力斗争便转变为成长的痛苦。这种痛苦可能与前述的服从/叛逆/爱的重建方块有关，也可能与人生或性格里的任何部分有关。总之内在的权力斗争反映到婚姻上，两人将无法面对与克服的问题投射到婚姻里，那锅热汤便不断沸腾起来。

下列情况会减少婚姻里的权力斗争：

*两人都学习讨论感觉。

*两人说话时开始使用“我”开头的讯息。

*两人都为自己未解决的问题负责。

*两人都将对方当做情感的老师，可以帮助自己更了解自己，而不要一味将伤害与责任推给对方。

抛开过去的包袱

就像人生其他的过渡期，这段山路非常崎岖难行。要醒悟过去的婚姻为何结束本非易事，甚至会带来很大的痛苦：我们总是比较容易看见别人的小缺点，而看不到自己的大问题。

布鲁斯担任过青少年观护员，通常会安排一个家庭进行一周的咨询。咨询时如果每个人参加的目的是要增进对自己的了解，以及探讨自己需要做哪些改变，咨询结果通常成功的几率较大。但如果每个人参加的目的是认为另一个人需要改变，咨询结果通常不会成功。

下次当你看到山路上有人的行为像叛逆的青少年，总是对权威的父母形象表达愤怒，也许你会较能够理解，你知道这个人是在尝试长大，找寻自己的独立认同，想要摆脱过去别人对他的期待与控制。虽然你很想扮演父母的角色告诉他怎么做，但你或许应该退到一边，扮演好成人的角色，告诉自己："也许不要管他才对他最好。"说不定你自己还处于服从阶段，需要开始叛逆一点儿，努力改善你的自我价值感，找寻更好的自我认同！

你注意到你真的已开始往上爬了吗？你能够面对与处理过去的包袱，就表示你已能从更广阔的角度来看待人生与自己。当你还在山脚下努力活下去时，实在没有多少能力摆脱旧包袱。

孩子的过渡期

就像成人一样，多数孩子在处理父母的影响时也会遭遇一些困难：包括原生家庭的影响、童年的经验、叛逆期、权力斗争。毕竟孩子对他人行为的解读只是根据短短几年极有限的生命经历。

在这个过程中对孩子极重大的影响是感受内在的痛苦。在经过某种治疗之前，孩子与其他重要长辈的互动往往不脱离他与父母的互动。（毕竟孩子正在经历他的原生家庭与童年的影响。）举例来说，当新的继父母加入时，孩子与他的互动通常会延续孩子与生父母的互动问题，直到孩子——也许在其他长辈的支持与理解下——学会如何处理旧的情绪（如不具破坏性的调适行为），以及如何发展新的方法与成人相处。

让过渡期更轻松的作业

*想象对你与配偶最具影响力的长辈彼此联姻的情形，是否与你的婚姻很相似?

*原生家庭的影响与你的婚姻结束有何关系?

*列出你的原生家庭面对愤怒、爱、恐惧、愧疚、被拒、亲密、冲突的反应方式，再列出你自己的反应。

*你认为前配偶和你的父亲或母亲相像吗? 你的婚姻和父母的婚姻相像吗? 你希望自己的婚姻和父母不同吗? 又如何才能不同?

*你认为你小时候和父母有真正的情感联系吗? 你能自在与另一个人有亲密关系吗? 你小时候是否发展出良好的自我价值感? 你与双亲都有良好的关系吗? 你与配偶的关系和你与父母的关系有任何相似处吗?

*本章探讨叛逆的3个阶段，服从，叛逆（外在与内在），爱的阶段。你认为你的父母处于哪个阶段? 前配偶呢? 你自己呢?

*你的婚姻会结束与叛逆有任何关系吗?

*你的婚姻结束时你与配偶正处于权力斗争吗? 你结婚时以为会从此过着快乐的日子吗? 你相信别人能为你的快乐或不快乐负责吗? 你能找出你内在有任何未解决的问题造成你与配偶的权力斗争吗? 举例来说：（女人）你反抗丈夫的态度正如你希望反抗父亲那样吗? （男人）你开始能为自己负责，而不是任由妻代母职为你做所有的事?

*你认为本章有哪些功课你应该先做到，将来才能创造健康的关系?

你表现得如何？

如果你能从下面的问题里确定你已做好准备，就可以再继续下面的旅程。接下来我们会先探讨坦诚沟通的重要，再谈谈让人捉摸不定但永远存在的东西——爱。

1.我明白自己背负着旧人际关系的包袱。

2.我努力处理自己的包袱而不归咎他人。

3.我努力建立人际关系，帮助自己减轻包袱。

4.我明白我必须改变态度与内在的自觉，才能抛掉包袱。

5.我避免和依赖型的人有情感纠葛。

6.我能分辨自己处于服从、叛逆或爱的成长阶段。

7.我曾思考配偶是处于哪一个成长阶段。

8.我思索过父母处于哪一个成长阶段。

9.我可以分辨正面的叛逆与负面的破坏性叛逆。

10.我可以了解并接受配偶因处于叛逆阶段而表现的行为。

11.我了解这3种阶段可能在一生中发生不只一次。

12.我努力照顾自己，让自己保持坚强与稳定。

13.在展开长期认真的新恋情之前，我会尽力摆脱过去的包袱。

我一直躲在面具背后

面具是虚假的脸孔——将不真实的感觉投射给他人看。

有些面具适当，有些不适当。

面具能保护你不去碰触痛苦或恐惧，但戴着面具是很耗损心力的，

而且会使你与别人保持距离，无法建立亲密关系。

如果你能适当卸下面具，得到的将是亲密而不是痛苦。

坦诚

离婚后我想认识新朋友，便在一出戏剧里担任一个小角色。有天晚上在排演时我突然明白这就是我在婚姻里所做的——念台词。我不是我自己，而是爱情悲喜剧里的一个角色。

——史考特

走到这里多数人都已对自己和前一段婚姻有相当的了解，我们希望你已开始思索将来如何避免类似的问题。

成功婚姻的重要关键是坦诚。你对配偶真的诚实吗？你对自己真的诚实吗？或者你常常隐藏在“一切都很好”的面具后面？

面具与坦诚

每个人都有戴上面具的时候，为的只是不想让别人知道你的感觉，而“面具”是隐藏内心世界最方便的方法——就像一面保护的盾牌。面具反映的是表面另一种态度或感觉，保护自己不去感受背后的痛苦。这痛苦可能是恐惧被拒绝，恐惧别人不喜欢你，觉得自己不够好，或只是觉得根本没有人在乎。

小孩子不像成人会戴面具——这也是为什么和小孩子相处是那

么愉悦。面具是成长与“社会化”后发展出来的，并不是刻意要欺骗，只是觉得戴上面具可以和别人互动得更顺利。

然而有些面具无助于与他人的联系，只会让你保持在一个情感的安全距离之外。毕竟坦诚有时候是需要勇气的。

你的面具是什么颜色?

我们是否可以举些例子来说明什么是面具?

有些人在你开始感到亲近时立刻开始讲笑话，表现幽默——这是幽默的面具。

类似的是“芭比娃娃面具”。每当你开始认真谈一些较重要的事，你立刻看到一张快乐的笑容，不变的表情，就像芭比娃娃一样。

很多正在经历离婚过程的人会戴上“我很坚强”的面具，仿佛他们随时都可以掌控情势，绝不显露一丝脆弱，其实内心正陷入极度的混乱与无助。

就像许多离婚者，康妮曾经靠在情感亲密的火炉旁取暖——前夫克里斯真的让她感到很温暖。然而她被火焰烫伤了，从此害怕靠近任何火炉。现在她学会以各种做作的方法与人保持距离，她那“别惹我”的愤怒面具远近驰名，很有效地拒所有人于千里之外。

什么人戴什么面具

有些面具并不是很有建设性，戴上后只会把我们渴望的东西推开——例如亲密感、与某人相处时的安全感。但因为你受过伤害，你虽渴望亲密却又感到害怕。

玛丽安自以为戴上面具就能瞒过所有人，没有人会知道她真正的感觉。但后来她发现别人不仅能看穿她的面具，而且比她更能看清她自己。这正是面具的矛盾：我们往往欺骗的是自己而不是别人。玛丽安的面具反而让别人看清楚她内心深处的痛苦，甚至比她自己更清楚。

面具或许只能蒙住你自己的眼睛，你其实是在否定你所受的伤害。就像鸵鸟将头埋在沙里以为没有人看见它，其实只是它看不见别人。

面具可能成为负荷

有时候我们会投注很多心力去戴面具。你随时要表现出你以为“应该”有的表现，而不是自在做自己，这当然是很大的负担，有时候甚至让人觉得难以承受。而且你可能因此没有多余的心力认识自己，追求个人成长或做更有意义的事。

想象躲在一个巨大厚重的面具后是多么寂寞的事，仿佛活在自己的世界里，没有人知道你的寂寞。而且，你愈是觉得寂寞，愈是创造更多的面具来掩盖。寂寞的程度似乎与面具的厚重程度成正比。

然后有一天你拿掉厚重的面具——可能在心理咨询或与朋友分享时——你会发现卸下重担后得到很大的自由，也有了更多心力做其他事情。

杰夫从小就开始戴面具，他很早就发现要表现出某种“可被接受”的行为，才能得到他想要的爱、安慰或注意。他学会在自己真正需要被照顾时反而去照顾别人，学会在校表现优异，虽然他根本不在乎成绩。他学会将所有感觉隐藏在心里，而不愿摊开来与别人分享。他在成长过程中得到一个观念：爱与做自己无关。这是他戴上“好孩子”面具时的体会，他深信诚实非良策。

多数面具的形成都是因为我们觉得做自己无法得到无条件的爱。

我们一起吃饭吧：我的面具会打电话给你的面具。

想象你戴着面具时有人要吻你的窘境，就不难理解两个戴着面具的人要互相接近是多么困难，也可以了解面具会如何妨碍你与他人的沟通，想想戴着面具将传递出多少间接迂回的讯息！多么欠缺坦诚！

面具当然有适当和不适当的区别。适当的面具就好比你工作时与别人互动时所戴的，为了要表现出效率、能力、“我会为你提供最佳服务”的感觉——一种让你与人更有效互动的平稳与平静。但下了班和家人在一起时，同样的面具就变得不适当，会使你与配偶无法亲近，妨碍直接的沟通，破坏坦诚，让两人都无法自在做自己。当你想要有自己的时间时这是适当的面具，但对亲密感是一大杀手！

选择的问题

你可能选择了适当的面具，但选择你的面具则往往不适当。它会选择你是因为你无法自在表露内在的感觉，也可以说是面具在控制你。然而人们往往未意识到是面具在控制自己。

你是否准备好卸下面具？

如何决定卸下面具？

在离婚过程中的某个时刻，你会发现自己可以卸下某些面具，开始表现坦诚的态度。对你而言这个时刻到了吗？

如果你把面具卸下会怎么样？何不先在某些安全的朋友面前尝试看看？是否如你预期地被朋友拒绝，或有多少次获得接纳？多少次你觉得比以前更自由？

下面的例子说明如何在可信赖的朋友面前卸下面具。你可以这样说：“你知道吗？有时候我在你面前并没有完全坦诚。当我们比较接近时，我就开始讲笑话。这个‘说笑话的面具’其实是为了避免自己受伤。当我感到害怕或觉得将要受伤害时，我就开始讲笑话，但如果时机不恰当，就会妨碍我们深入了解彼此。我希望让你知道我戴着面具，说出来后这面具的力量似乎减小了。我希望借由与你分享，可以一点一点卸下面具。”（本章后面有“卸下面具”的练习）

有些朋友会在你卸下面具时伤害你，他们无法面对你原本掩盖的感觉。但如果可以的话，你愿意选择哪一个？继续戴着面具，无法认识别人真正的性格？或是取下面具，坦白自己，冒着被伤害或拒绝的危险？如果你可以事先想象未来的婚姻，你希望拥有哪一种婚姻？是坦诚、亲密、互信的关系？或是两人都戴着面具？其实你确实有选择的！

如果你戴着面具是因为内心藏着痛苦，那么要卸下面具就必须面对你的痛苦。身为咨询人员，我们比较希望帮助个案勇敢面对“面具背后”的痛苦，用言语表达出来。夏伦在离婚过程中一直佯装坚强，永远能掌控情势。心理医师鼓励她把内心的痛苦与混乱说出来，刚开始她有些犹豫，但慢慢地发现也许一个人在混乱的情况下感到混乱是正常的，应该卸下面具来面对混乱。经过几次治疗后她终于能完全承认她的痛苦，建立几项建设性的策略让自己把面具卸下。

很多人因为婚姻结束而受伤害，反而戴上更多的面具。攀爬重建之山的一部分功课就是要卸下这些面具。

面具背后的你

我们每个人内在都有一个真正的自我，然后以自我为基础发展出性格面对世界的脸孔。我们从内在的自我透过性格——与周遭的人沟通。理想的状况下，这沟通是双向的。

如果你戴上厚厚的壳、外表或面具来“保护”内在的自我，与他人的沟通必会受到阻隔。不再是自我与他人之间的双向沟通，而是面具与他人的讯息传递。（当然，别人也可能戴着面具!）

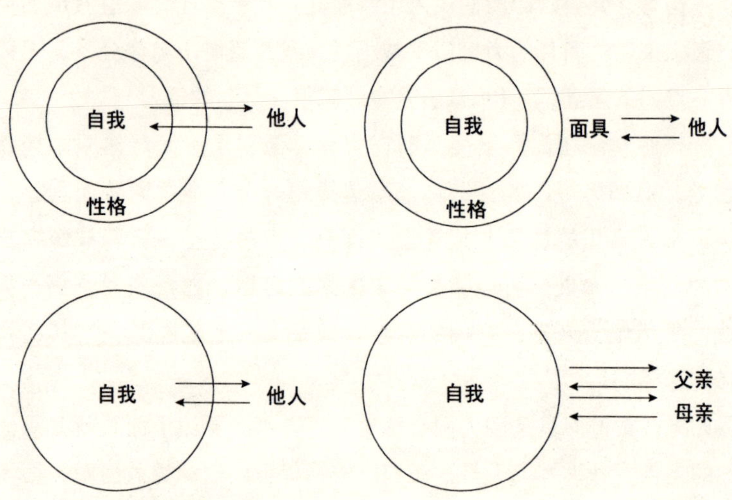

在这种情况下你的自我并未真正参与沟通。如果你一直戴着面具，内在的自我会陷入饥饿状态，不见阳光，也没有任何养分可以帮助他成长。于是你的内在自我愈来愈缩小——至少影响力愈来愈小——直到无法找到自我认同。同时，周围的壳愈来愈厚，愈来愈坚硬。

另外有一种情形：你只掩盖了性格的一部分。在下面的例子里，你的性格里某些部分裹上坚硬的外壳，妨碍你与他人的沟通，但其他部分可沟通无碍。

布鲁斯担任观护员时发现有些青少年很容易相处，有些在他面前防卫心很强。一段时间后他注意到一种模式：好相处的通常与父亲关系良好，与类似父亲形象的观护员比较能沟通。一个少年若是在布鲁斯面前觉得不自在，可能在自己父亲面前也不自在。因为他已戴上厚重的保护面具，以致内在的自我与权威的男性长辈无法沟通。这样的少年可能与女性观护员合作较愉快，尤其是与母亲关系良好者。

你是谁？

你了解自己吗？你清楚自己的认同吗？很多人会戴上面具是因为欠缺自我认同，因为不知道自己是谁或真正的感觉而无法坦诚。面具愈变愈厚重，内在的自我愈来愈难辨识，不久之后甚至完全找不到。其实他们通常有足够的支持与鼓励可以追求自我成长。

如果你要拿下面具，就必须尽量将你自己摊开来。每当你将自己的事第一次拿出来与人分享，就是卸下一个面具。当你寻求别人的回馈时，往往会对自己多一份以前没有的认识，这又有助于卸下以前阻碍你认识自己的面具。

要去除不适当或没有建设性的面具，请尽可能在别人面前袒露自己。交往的朋友最好能与你进行坦诚而有意义的沟通。（不只是不断谈你自己！）这类互动可以帮助你卸下面具，让内在的自我成长，为所有的人际关系建立诚实公开的基础——不只是对你自己，也对你所在乎的人坦诚。

很多人内在的小孩极度害怕走出来，如果你也有这种恐惧感，或许应该寻求专业协助。在咨询人员面前你可以很安全地让“内在的小孩”走出来——坦诚面对自己。

卸下面具的功课

*写下你所使用的每一种面具，仔细检讨有哪些是适当或不适当的。找出你想要卸下的不适当面具。

*深入内在探触你的真实感觉。看看你能否找到躲在面具后面的恐惧或痛苦。你为什么逃避与别人的亲密关系？也许你的面具是在掩

藏某种恐惧，省思这些恐惧是否理性，是否源自你与他人的互动方式太负面?

*找一个或一群你可以信赖的朋友，告诉他们你将要做这个练习，与他们分享你的面具，因为揭露出来后，这些面具对你的影响力便会减少。告诉朋友是什么样的恐惧让你无法坦诚，无法与人亲近。请对方也和你一样卸下面具，这种坦诚有意义的沟通会帮助你摆脱一直戴着的面具，收回浪费在维持面具上的精力。

孩子的面具

你在孩子面前很坦诚吗？你会告诉孩子你的婚姻里重要而直接影响他们的事吗？当初你要离婚时是如何告诉孩子的？你对孩子说的话是否前后一致？你对孩子守信吗？简而言之，孩子能信赖你吗?

在一次离婚之子研习营里，一个13岁的女孩被问到自己觉得像什么动物，她说："很简单，我和爸爸在一起时是一种人，和妈妈在一起时是另一种人。我努力取悦他们，让爸妈不要难过。所以我很像变色龙。"

当我们自己深陷痛苦时，很难用心倾听孩子的心声，而且很容易因孩子的话而伤心难过。无怪乎孩子会战战兢兢、小心翼翼。他们总以为要为父母的快不快乐负责，又是如此同情父母，唯恐让父母更难过。

即使我们不易用心倾听，还是应鼓励孩子说出真正的想法与感觉。如果你听了无法不做批判或心情受影响，不妨帮助孩子找一个可以谈话的对象——一个比较客观的人。

离婚让孩子整个世界都破碎了，不知道接下来会发生什么事。如果能与父母，或至少与一个能理解的成人，进行坦诚的沟通，孩子会觉得参与了问题的解决，而不会一直怪罪自己。

你表现得如何?

继续往上爬之前，请先做下面的自我评量:

1.我开始认清自己所戴的面具。

2.我愿意更坦诚地对待我所在乎的人。

3.我愿意面对面具背后的恐惧，不管多么可怕。

4.我敢于和朋友分享我所隐藏的恐惧。

5.我请可信赖的朋友给我诚实的回馈。

6.我开始了解人际关系中坦诚的重要。

7.坦诚对我而言愈来愈自然。

8.必要时我可以选择戴上适当的面具。

9.我的面具不再能控制我。

会有人真正关心我吗？

很多人都必须学习以更成熟的方式去爱，但爱人的能力与爱自己的能力息息相关，

要知道爱自己并不是自私或骄傲，而是非常健康的。

你可以按照一些具体的步骤来提升对自己的爱。

爱

爱就像一束玫瑰：你不记得走了多远才买到，只记得她收到花时眼中的爱意。

爱就像背对火炉坐着，虽看不到火却能感觉到温暖。

爱是你能得到最大的礼物，但你必须先爱自己。

——艾　德

这一路上我们看到石头上有很多涂鸦，都是文人雅士为爱情所做的批注。我们对爱的了解主要来自诗人。有人曾在学校里写过作业探讨爱的本质吗？现在你愿意花点儿时间做这份“功课”吗？请在下面的空白里写下你对爱的定义。（这里指的是爱情，不是父母之爱、精神之爱或人类之爱。）

爱是：

接下来我们再继续往上爬。

许许多多的人在离婚调适课程里做过这个练习，对离婚者，或甚至任何人而言，这是很困难的功课，典型的反应是：“我以为我知道爱是什么，原来我并不知道。”很多人觉得无法真正为爱下一个定义。

爱就像钻石，你可以从很多不同的角度看，任何定义都没有对或错，只是个人的感觉。

很多人以为爱就是你为别人做了什么事，很少人了解爱应该是以你内在为中心，爱人的基础是爱自己。多数人会想到《圣经》教我们的“爱你的邻人如同爱你自己”，问题是如果你不爱自己怎么办？

下面这个定义带点儿嘲讽的意味，但确实是很多婚姻的写照：“你对一个符合你病态需求的人产生感情，这就是爱。”这是需求的定义，不是爱。仿佛在说我们都不是完整的人，都有情感的缺陷，必须“爱上”另一个人才能弥补这个缺陷。我们总希望在别人身上找寻自己没有的东西。换句话说，很多人都是“半个人”，要透过爱别人才能变得完整。事实上一个完整的人的爱更加成熟，也更能持久。

爱上爱情

你是否听过“带有鱼钩的美味鱼饵”？例如当你对他说“我爱你”或其他类似的表示时，就是拿鱼饵喂他。其实这时候你自己可能还在挣扎着实现自我，生命的水桶几乎是空的，你说“我爱你”，真正的意思可能是“请你爱我”。但对方糊里糊涂吞下了鱼饵，便被钩住了。空水桶的“我爱你”往往有操控的意味，满满的水桶才能让对方在爱里得到自由，继续做他自己。

关于爱的另一个问题是，人们总认为为爱结婚是最充分的理由。然而，“恋爱”有时候并不完全是因为对另一个人有感情，而是与寂寞比较有关。为克服寂寞而恋爱并不是真爱，真爱是打破心理障碍与另一个人亲密的温暖感觉。

有时候你可能并不是爱上对方，而是爱上对方的理想形象。当你发现真实与理想的落差时，不免感到幻灭，不再爱了，关系也就破裂了。如果夫妻能超越爱上理想形象的阶段，便有机会发展出更成熟的爱。对有些人而言，这个成长发生在婚姻里，彼此的爱因而更趋成熟。有些人则要等到不成熟的关系破裂后才能成长。

我们看到很多不成熟的爱：以为爱就是为某人做某事；爱就是照顾某人；是得到，是控制，是“永远不必说抱歉”，是永远坚强，是永远温柔。

雪莉以为爱就是永远温柔，她的婚姻其实并不健康，但她仍努力改善。有人在课堂上问她，为何她一直很温柔还是无法成功，她答：“我想是因为我还不够温柔。”

无条件的爱：照单全收

很多人（大部分人?）在成长过程中都没有得到足够的无条件的爱——父母或其他人纯粹的爱，不是因为我们很“乖”，而只是爱我们。慢慢地我们发展出对他人不成熟的爱。要克服这种人生经验并不容易，但我们终究会了解，成熟的爱是无条件地爱自己与别人。在成熟的爱里，你才能在对方面前完全做你自己。

对很多人而言，要抛开不成熟的爱很困难，他们过去得到的鼓励、注意与美好的感觉都是这种形式。但最后他们会发现，必须不断努力才能得到别人的爱。这种爱其实是退而求其次，只求得到别人善意的对待。事实上你必须学习爱自己才能得到别人真正的认可。

我们都需要无条件的爱，但这个需求不常得到满足。父母的爱似乎无条件，毕竟多数父母都会满足孩子基本的食衣住行需求与关爱，在孩子有限的理解里，这似乎就是无条件的爱，深信这份爱是无穷的、绝对的。但随着年龄、心智的成熟与理解能力的增加，你会了解任何人总会在某个时候因故停止爱一个人，爱也可能因死亡而中止。对成人而言，情感上很难接受有所谓无条件的爱。

也许你可以从另一个角度来思考这个问题：学习无条件地爱你自

己。这并不是说你都不需要别人，只要自己爱自己就好了，而是接受你自己本然的样子：一个独一无二的你。你可以先练习接受自己，然后再开始爱自己。

但如果你小时候并未得到爱，确实比较难爱自己。这时候信仰便显得很重要。如果你能相信有一个更高的存在可以给你无条件的爱，比你更爱你自己，这对你的精神生活很有益。一个人如果能和上帝发展出这种灵性的关系，就能感受到无条件的爱——因为这就是上帝对人的爱——也才可能对别人付出无条件的爱。

这个社会患有心理疾病的人很多，让我们对于爱有另一种角度的理解。事实上，心理疾病可以说都是因欠缺无条件的爱而寻求弥补的表现。剥开一层层的心理学诊断，深入核心，会发现很多心理问题都源自爱与被爱能力的不够。

父母通常把自己所学的“爱”的观念教给孩子，但如果你的观念不成熟，孩子得到的也不成熟。如果你要教导孩子成熟的爱，让他感受到无条件的爱，首先你必须先学会爱自己！然后你才有能力给孩子无条件的爱。

我们为什么要特别强调无条件的爱？因为它是攸关人类成长的一个非常重要的特质。如果你明白自己具有本然的价值，不论如何都能被爱，将是你给与自己和孩子最宝贵的礼物。

（请注意我们并不是鼓吹不负责任或反社会行为，而是承认我们都是不完美的凡人，鼓励读者学习百分之百爱自己，优缺点一并接受。）

像你爱自己一样

请看看你在本章开头所写的定义。在离婚课里，多数人的定义都是以他人为中心的。例如很多人说爱就是关怀、付出、让对方快乐。

很少人的定义有包含爱自己的概念。

这个现象很值得探讨。如果你的爱的重心是配偶，当婚姻结束时你突然失去了重心，会使离婚的过程更加痛苦。但如果你是一个完整的个体，学会爱自己，又会有什么不同？离婚当然还是会造成痛苦与伤害，但不会那么令人难以承受，你依旧是一个完整的个体。

对那些不曾学会以自己为重心爱自己的人，离婚的伤害特别大。他们会觉得没有人爱自己，自己也没有能力爱人。很多人耗费许多时间与精力只为证明自己值得被爱，他们可能会立刻寻找下一段感情，帮助自己治疗伤口。性方面也可能变得很开放，不择对象任意交往。他们往往分不清性与爱，以为找到了性就会找到急切需要的爱。对他们而言，有时候更恰当的说法是“我跟你有性”而不是“我跟你有爱”。

“否定”与“友谊”两章谈过，在这段艰难的时期最好不要急着寻找新感情。不妨先多交朋友，等你真正学会爱自己再谈感情。关于这个问题“成长型关系”一章还有更详尽的讨论。

有太多人从来没有真正学会爱人与被爱，有时候爱人而不被爱似乎比较容易，但你可能将被爱的需求隐藏在“想要爱人”的念头后面。

你的爱有多温暖?

布鲁斯：“我要与诸位分享我在离婚过程中的个人经验。那时我去参加一个禅定课，每个人把眼睛闭起来，将一股能量带引到全身各处，最后到达头顶。我遵照这个步骤，真的感受到一股热流游遍周身，慢慢上升。当这股热流到达胸部时，老师说：‘你们之中很多人在这时候会感觉能量从前胸漏出。如果你有这个感觉，请想象你的胸前有一个盖子，让热能无法漏出。’她完全叙述出我的感觉！实在太神奇了！

“练习结束后，我问：‘我闭着眼睛坐在那里，又没有说话，你怎么会知道我的感觉？’她说很多人都有同样的感觉。她认为这是因为此人相信爱是为别人做什么事，是以他人为重心，因此能量会流向别人。将爱放在别人身上而忽略了注满自己生命的水桶，往往使人情感枯竭。

“我思考了很久，决定我的目标是学会更充分地爱自己。我决定让自己的爱变成暖暖的光照亮我的内心，温暖我自己和我所接触的每个人。我的朋友不需要证明自己可爱，只要靠近我的火焰就可以感受到这份温暖！

“恋爱的两个人当然是更为接近，这个特别的人将从我的火焰感受到更多的温暖。”

那么你呢？你的内在是否也有一把火？或者你的火苗已经熄灭？我们一定要好好照顾内心的火苗，让自己和周遭的人同感温暖。

爱的方式

一个人的生活方式就能表现出他对爱的定义。如果你相信爱就是努力赚钱，你就会花很多时间赚钱，因为你会以行为来证明爱的定义。你生命中最重要的事是什么？你又是如何表现出爱的定义？你满意自己的行为表现吗？或者你希望改变？请好好思考。

关于爱的方式有一个有趣的现象。每个人都有独特的爱的方式，但似乎都相信这是世界上唯一的方式！我们很难想到有其他的选择。

当你要进入婚姻之前应该先了解你和配偶各自“爱的方式”。也许我们应该先检视几种常见的方式，这可以帮助你了解自己与别人。多伦多大学社会学李教授（John Alan Lee）对这方面有很透澈的研究，他分析了9种“爱的方式”。我们将之简化为6种，提供给读者参考：

*浪漫型

有很多的热情、感觉与情绪。这是“电光石火”型的爱情，当你看到情人时身体会一阵触电（通常确实会出现生理的改变，如心跳加速，体温上升。），这也是理想型的爱，你会寻寻觅觅，直到找到让你真正有感觉的“唯一”。流行歌曲通常都是歌颂这种爱情，这种类型的情人爱得很深，且需要性与爱配合。拒绝给性就好像拒绝给婴儿食物，性是这种爱很重要的一部分。但因为这种爱充满感觉与情绪，可能不及其他种爱来得稳定。

*友谊型

没有那么多的情绪与感觉，通常从喜欢开始，慢慢“变成”某种更深的东西——或许可称之为爱。友谊型的爱比较冷静，欠缺浪漫爱的激情。性不是那么重要的部分，往往在交往很久之后才发展。这是最稳定的类型之一，有些人甚至在离婚后还可能维持友谊。这种爱建立在互相尊重与友谊上，而不是强烈的情感。

*游戏型

认为恋爱是一种游戏，有一定的规则可循，双方不像浪漫型那么重视亲密。事实上这一型可能为了逃避亲密而同时与不同的人发展关系。就像一首老歌所说的：“当我不是和所爱的人在一起，我就爱上和我在一起的人。”这一型的人常会有自己特殊的规则，性关系多半遵循最方便的规则。

*需求型

通常充满占有欲与依赖心。这种爱很情绪化，因为强烈需要被爱而显得很不稳定。这种型的情人不易维持关系，往往有强烈的嫉妒心、占有欲与不安全感。很多人经历过离婚的创痛后会采取这种形式的爱，尤其是离婚后的第一段感情：“我必须再恋爱才能快乐。”这是一种不成熟的爱，依赖与占有为其特征。

*务实型

会以务实的眼光检视配偶，然后依据理性的考量决定是否适合。他们会确保双方有相似的宗教信仰、政治理念、理财方式、养育小孩子的观念……这一型的情人可能会检视对方家庭的社经地位、特质、基因等，甚至可以选择“合适的”对象来爱。

*利他型

可能比较以他人为重心，非常愿意配合对方的需求。极端的利他型情人可能会变成烈士，努力满足自身“空水桶”的需求。但还有一种真正利他的情人：自己的水桶已经很满了，有足够的内在力量可以非常无私地去爱另一个人。很多利他型的情人有强烈的宗教信仰，信仰帮助他注满生命的水桶。

一对夫妻接受婚姻咨询，两人的问题在于他是友谊型而她是浪漫型，她觉得他的爱太冷静，根本不是爱，他觉得她的浪漫爱太不稳定。他的方式是照顾她，满足她的需求，维持婚姻的稳定，他觉得这些就是爱她的证明。但她要的是他说出“我爱你”，表达各种浪漫的想法，让她感觉浪漫与被爱。两人的组合实在不太协调，因为对爱的基本信念不一致，很多观点无法沟通。

每个人显然都是几种形式的组合，此外，任何类型都不可能永远适合一个人。在进入婚姻之前，你应该先了解自己是哪几种类型的组合。

学习爱自己

学员常会问一个问题：“如何学会爱自己?”前面已经说过，答案并不容易。但下面这个练习可以帮助你学习爱自己。

想想你一生中曾经尝试改变的经验，可能是你的婚姻开始出现问题时、你刚与配偶分开时，或是开始阅读本书时。列出你所做的改变，你所体验到的个人成长，以及你对自己、他人及人生的新体会。注意在这种掌控自己人生的过程中是否增加了自信心——自信心正是你感觉愈来愈好的原因。你可能会惊讶自己能列出这么多事情。

备受尊崇的已故心理治疗师维琴尼亚·萨提尔想出另一套方法帮助人们更爱自己。方法是列出5个适合你的形容词，然后在每个词后面加上正号或负号，代表你认为它是正面或负面的。接着检视带负号的形容词，看看里面是不是也有某种正面的性质符合你的性格。

离婚课的一位女学员列了一个形容词“恶毒”，那是她丈夫经常骂她的话。经过一番讨论后，她明白了他所说的恶毒在她看来其实是表达自己的立场——这是很正面的特质。明白了两人的不同定义后，她觉得比较能接受自己这部分的性格。

事实上这正是爱自己的意思：学习接受自己本来的特质。知名心理学家卡尔·罗杰斯（Carl Rogers）说，当你学习接受本然的自己，你才能让自己成长、改变，更接近你所希望的那种人。如果你一直不接受自己的某个特质，就不可能改变它！听起来是不是有些诡奇？

我们都应该明白自己某些部分“不太好也没有什么关系”。每个人总有受伤的经验，在某个地方留下了伤口，或曾经觉得自己没有人爱，或觉得自己不够完整。这些都是生命的一部分。毕竟我们只是不完美的凡人，学习接受自己不完美的部分，才能开始接纳自己，而这就是爱自己的开始。

你有没有想过你如何学会爱另一个人？如何突然间或慢慢地对某个人产生爱意？也许是他做了一件体贴的事，也许是他满足了你的需求，让你感觉很好。那么如果你为自己做一件体贴的事会如何？明天就花点儿时间做一件让自己真正愉快的事，这是学习真正爱自己的方式。毕竟，最懂得如何让自己快乐的人就是你！

也许学习爱自己最重要的方法是容许你去爱自己。你必须先确定这不是自私的行为，才能真正好好地爱自己。

你的成长不是任何人给你的，因此也没有人可以拿走。你的人生要靠你自己掌控——透过了解自己与别人。由这个角度来看，你不再受制于任何人。让成长的美好感觉浸满你整个人，感受你所成就的一切带给你的温暖。体会你对自己的爱。爱自己是对的，不，不只是对而已——这是人生的意义！

让孩子知道他被爱

当大人为爱的定义而苦恼时，孩子可能因为父母之一离开而觉得不被爱。很多孩子会害怕再失去另一个父母。当孩子最需要爱时，父母往往自己正陷入身心的煎熬而无法完全付出关爱。在这个关键时刻最重要的是了解问题所在，特别用心去克服——尤其要多与孩子坦诚沟通，一再保证孩子可以得到双亲同等的爱。

一位母亲最近和我们分享一则可爱的故事，是那种让人觉得一切都值得的生活小插曲。她3岁的儿子有天早上坐在沙发上沉思了半晌，突然说："我感觉每个人都很爱我。这不是很好吗？"这是生命中特别值得珍藏的时刻。身为父母的我们最大的目标就是让孩子有同样的感觉，虽然我们自己正经历一段没有人爱的痛苦时期。

你表现得如何？

在继续下一章之前请先检查你有多爱自己：

1.我觉得自己是值得爱的。

2.我不怕被爱。

3.我不怕爱人。

4.我明白自己对爱的信念是什么。

5.我的生活方式与我对爱的定义相符。

6.我能自在满足自己的需求，不会觉得自私。

7.我能接受别人的爱。

8.我表达爱的方式能让对方感到被爱。

9.我能够爱自己。

10.遭遇危机以来我有了很大的个人成长。

11.我知道我的爱里有不成熟、需索、依赖的部分，我努力把它变成较成熟的爱。

我那爱的伤口已开始愈合

如果你说：『男人（或女人）不值得信赖！』

这种话透露出关于你的讯息超过关于异性的。

婚后的感情往往是为了治疗爱的伤口，因此也常是短暂的过渡性质。

在新的情感里，你可能会尝试修正你与父母的互动模式。

如果你能在内心建立基本的信赖，将更能享有圆满的亲密关系。

• • •

信赖

正当一切都很顺利，我也觉得很愉快，他突然说："我爱你。"我心慌了，请他站起来穿好衣服回家。

——安

在这段路上你会看到有些人走路时总与异性保持一段距离。他们就像野生动物想要靠近求取食物，但只要你一靠近，他立刻惊吓跑开。这些人经常谈到感情，似乎很想与异性约会。但有人表示兴趣时，又大叫"走开!"他们的衣服上写着斗大的字："不要相信男人(女人)。"因为他们曾经有过严重的"爱的伤害"。

爱的伤害是婚姻结束后内在的痛苦，但真正的起源可能更早。布鲁斯担任少年观护员时辅导过的很多青少年都受过爱的伤害，他们学会了"爱就等于受伤"。若是被安置在一个温暖有爱心的领养家庭，他们会逃离。严重受伤的人会与别人保持距离，除非他的伤口治愈了，才可能再与人亲近，而这可能要耗费数月甚至数年的时间。

感情，感情

感情对离婚的人很重要，当我们问离婚课的学员想要探讨什么议题时，每一班都认为"感情"是最重要的一项。

（你是否注意过在单身聚会里感情两个字使用得多频繁？有一位女士建议有人说这两个字时应该吹哨子检查，她实在已经听腻了！我们在这本书与离婚课里也使用得很频繁，纯粹是因为找不到其他同义字！当然，身为心理学书籍的编辑，本身又是心理学家，鲍伯很不愿意承认这一点！）

人们常以为证明自己没有问题的唯一方法就是再谈一次恋爱。事实上，有些离婚专家确实认为再婚是调适成功的表示。但根据“费雪离婚调适量表”所做的一项研究，专家的这项假定很值得怀疑，很多再婚者并未真正从离婚中调适过来。

但为了“证明自己没有问题”，很多人会立刻去寻找新的唯一。离婚后健康的情感旨在治疗爱的伤口，亦即这段情感为过渡性，而不是长期认真的。（下一章有更详尽的讨论。）

你可能听过一句话：“你必须吻过很多只青蛙才能找到王子。”但比较健康的说法应该是：“你必须吻过很多只青蛙，自己才能变成王子（或公主）。”如果你能从第一种想法过渡到第二种，刚离婚后的恋爱就不会有那么多期待、压力，也不会老是想着未来的发展。不要一味想着：“我能和这个人共度一生吗？”试着这样想：“相处的时间里我们两人能一起获益吗？”

让新的感情在当下自然发展，帮助你治疗爱的伤口（或许也治疗对方的伤口）。轻松享受每天的夕阳，停下脚步“闻闻玫瑰的香味”，让自己慢慢痊愈，同时要了解这些早期的感情可能都很短暂，因为你正处于对感情需求很大的时候。让这些早期的过渡恋情帮助你澄清困惑，之后你还有很多时间可以重建另一段长久的感情，但那必须等到你的内在已重新建立很好的基础。

离婚的调适过程可分成两个重要的步骤，第一个是学习过单身生活，准备单独面对人生，这时过去的瓦砾已经清除。第二步是学习再爱，当你已重建足够的自信可以承担长远婚姻的负荷。完成第一步后，你会发现第二步容易得多!

情感的形态：“身体雕塑”练习

下面这个练习可以帮助你检视自己的情感形态。这个练习叫身体雕塑，取材自知名家庭治疗师维琴尼亚·萨提尔的作品。练习时你需要一个朋友帮忙。下面的图代表各种形态下两人的相对位置，我们先看图，再探讨背后的感觉。

1.A型依赖关系

在这种关系里两人互相依赖，有时候感觉不错，但多少会造成局限。当一个人想要移动、改变或成长，便会影响倚靠他的另一个人。请与另一个人尝试这个姿势，说出你的感觉。

2.窒息型

这种形态常见于青少年的恋情，常用的语言是："没有你我活不下去，我一辈子都要和你在一起，我要用最大的心力让你快乐，这么接近你让我好满足。"很多人刚开始恋爱时采取这种姿态，然后慢慢放松，给彼此成长的空间。窒息型在新恋情的蜜月期特别重要，会有一段时间感觉很甜蜜，但终究会让彼此感到受限。

3.高台型

这种"崇拜的"关系说的是："我爱的不是你，而是我心目中的你，我希望你达到我的理想。"坐在高台的位置很不安稳，因为要符合太多的期许。彼此也会有很多沟通的问题，因为崇拜者爱的是理想的形象，因此他沟通的对象并不是真实的那个人。这种关系必然会有情感疏离的问题，两人很难真正亲近。

4.主奴关系

主人的想法是："我是一家之主，我说了算，一切事情由我决定。"别以为一家之主一定是男人，很多女人掌控家庭所有决定。

通常一方性格的某个部分有些强过对方，这一点未必是坏事。当这关系变得太僵硬没有弹性，而几乎完全由一方做决定时，情感的疏离与不对等的情形才会发生。维持主奴关系很耗损心力，往往导致权力斗争，妨碍彼此的沟通与亲密。

5.旅舍型：背对的关系

两人手肘交叉，有某种协议要生活在一起，但彼此没有沟通。典型的情况是两人回家后一边吃饭一边看电视，然后各做各的事，完全没有情感的表达。请注意当你处于这种姿态时，当一人前进或改变

(如成长成熟)，另一个人也会受影响。这种关系有很大的限制，很多人发现这是婚姻结束前的状态。

6.烈士型

一方完全为另一方牺牲，永远在为他做事情，从来不为自己，可以说是主动要求被踩在地上。但千万别被这种姿态骗了！烈士的姿态其实有很大的控制力。请注意当躺在地上的人移动时，脚踩在他身上的另一个人就会失去平衡。

烈士如何取得控制？你猜对了——透过愧疚感。如果有一个人为你做了一切，完完全全地照顾你，你如何对他发怒？因此烈士是很善于控制的。和这种人生活在一起很困难，因为愧疚感会使你无法表达自己的需求与愤怒。也许你有一个烈士型的父母，了解这类型的关系后应该会在亲子互动中找到类似的影子。

7.健康相爱的关系

这是两个完整且内在富足快乐的人。两人直立着，既不倚靠彼此，也不互相纠缠，能够过自己的生活，且有丰富的生命可与对方分享。他们选择在一起是为了分享，他们可以靠得很近，暂时选择窒息型的关系；可以手牵手同行，例如在教养孩子时；也可以分开来拥有自己的事业、生活与朋友。两人在一起是因为相爱，而不是为了满足某种情绪的需求。健康的关系让两人都有成长与做自己的空间。

我们建议你找个朋友一起尝试不同的形态，写下或说出每一种姿态给你的感觉。你过去的婚姻属于哪一类型？离婚课很多学员都说他们觉得过去的婚姻几乎经历了所有不健康的形态！

上述练习是否让你对离婚的原因有更深刻的了解？不健康的关系似乎都代表半个人在寻觅另外一半。当你变得较完整（我们可能真正完整吗)，才比较可能发展出健康的关系。

化感觉为行动

我们常会将内在的感觉表现在婚姻里。如果你内在有很多愤怒，可能会在婚姻里表现愤怒；如果你很寂寞，可能会表现出强烈的占有欲，以防对方离开你，让你再度陷入寂寞；如果你有很深的痛苦，你的婚姻可能也充满痛苦；如果你有一个爱的伤口，你可能会与对方保持距离，以免碰撞到伤口。

很多人寻找的对象都拥有自己所欠缺的特质。例如你是个内向的人，希望与别人相处更自在，你可能找一个较外向的人结婚；自信不足的人往往和自信满满的人结婚；或者你有愧疚的需要，便会找一个让你愧疚的人。

当然，这种现象也不尽然负面。如果你是个快乐、自信、自认值得被爱的人，你也可能在婚姻里表现这些感觉。我们可以透过检视婚姻而对自己有更深的了解。你在婚姻中表现的是何种感觉？你是否发现某种模式？（你常带流浪猫回家吗？）你的婚姻反映的是内在美好的感觉，抑或你的情感需求？

你一直在重复同样的关系吗？

还有一个重要因素影响上述的关系形态，亦即前面提过的：你与父母的互动。每个人都是从父母那里学会如何应对爱、愤怒、被拒与亲密。如果你的父母常吵架，你可能会很排拒吵架。如果你的父母冷淡而很少身体接触，你可能也不太习惯接触与热情。很多婚姻的问题都是因为双方的互动情形和父母一样。

杰夫是这样形容的：“婚姻就像一锅热汤，如果你一开始没煮对，你会一直错下去。我在第一次婚姻里表现的是小时候学习来的负面模式，离婚后我的内在并未改变，在第二次婚姻里还是表现同样的模式！”

如果你能从每一次经验学习认识自己，了解你如何表现出内在的感觉，才可能慢慢变成你希望的那种人。你可以从每一次关系中成长，从这个角度来看待再婚比较正面。

离婚后我们往往会退回旧有的互动模式，这未必是负面的：要成为一个情感健康的人就好像小孩子爬溜滑梯。爬了一半，不小心没抓好便溜下去，但下次你会爬得更高。每一段关系的结束可能会使你往下溜，但下一次你会更懂得窍门，变得更健康。很多人在离婚后努力修正从父母身上学来的互动模式，希望能变得更正面。

讨论了各种形态的关系，希望能帮助你清理瓦砾，腾出空间重建自我。信赖其实是内在的问题，了解自己的过去有助于理清现在的你。成长的第一步永远是认识自己，了解你的互动模式。

关于瓦砾的清理已谈得够多了，让我们开始重建吧！

我要去哪里认识人？

这是离婚者最常问的问题，一个简单到近乎荒谬的答案是：“就是你现在所在的地方！”

很多人为了认识朋友去酒吧，去参加单身聚会，上陶艺课。（参加的人多到让人惊讶！）多去单身者聚集的地方无可厚非，但请特别小心！举例来说，“酒吧”里有很多寂寞的人，他们一定要略有醉意了才聊得起来。常流连酒吧的人通常是去练习互动技巧的游戏型，游戏的目的通常就是上床。单身聚会也可能充斥迫切而寂寞的人，且多数是女性。

“我要到哪里去认识人？”问这个问题的人多半在寻求长远稳定的对象。他的心态可能有些迫切，身体姿态、语言、眼神也会传送出迫切的讯息，反而让人退避三舍。别人会害怕被他的迫切需求吸进去，甚至有人形容那像“吸尘器”一样可怕！

你是否常听人说：“外面没什么好对象。”当然，这句话有一部分真实。很多离婚者受到伤害，在低潮期并不是很具吸引力的约会对象。但你有没有想过如果有一个很具吸引力的人靠近你，你会怎么样？可能会逃之夭夭吧！如果你内心“爱的伤口”还隐隐作痛，一个不错的对象恐怕会让你怕得要命。也许你就是在寻找比较安全但不那么具吸引力的人？也许你还在受伤当中，自己也是个不具吸引力的人？你知道的，同类相聚。如果说“外面都没有好对象”，也许是因为你也还没有把自己重建成好对象。

如果你戴着有色眼镜，只一味寻找潜在的结婚对象，你知道自己错过了多少人？当你开始有兴趣认识周遭的人，你才会开始交朋友，其中有些朋友可能会变成情人，但如果你一味寻找情人，结果可能会把朋友和情人都吓跑！

我们要再强调一次：你现在的目标是多认识和结交周遭的人。不要去在意他们是不是“可能的对象”，只要注意他们是不是有趣的人，是不是你想认识的。尽可能和许多同性、异性发展正面的关系。结交朋友的机会到处都是，当你去商店购物，释放出正面的讯息，表现出对别人有兴趣，你就会吸引别人接近你，就像花蜜吸引蝴蝶。参加派对时，如果你不是一心想要找寻性伴侣或派对结束时要带谁回家，你可能会认识许多有趣的朋友。只要你找到内在的快乐，并将这样的讯息传递出去，别人就会乐于和你在一起。

我们很清楚离婚男女的比率——这是个不公平的比率，女人比男人多很多。女人的寿命比男人长，任何年龄的女人都多于同龄的男人。此外，很多男人会再娶较年轻的女性，且往往是未曾结过婚的。(也许这只是很小的安慰，但女人确实比男人容易适应独居生活。)

金洁提到离婚课里常讨论的一个问题：“每次我去参加单身聚

会，最后都变成‘去你家还是我家’的游戏。”确实有很多单身者只能从性的角度看待异性，但这不表示你也必须如此局限自己。你应该继续发展你的性格，拓展你的视野。你的兴趣愈广，愈能认识有趣的人。

重建信赖

离婚课讨论出的一些概念或许可以帮助你克服信赖的问题。

其中一个概念是：下次约会时请做到真正的诚实。如果你有很痛苦的“爱的伤口”，请向对方解释你愿意和他交往，但恐怕你很容易让他觉得扫兴。如果你真的怕得要死，请不要戴上冷静世故的面具。把你的恐惧告诉对方，你可能会惊讶别人也有一模一样的感觉！毕竟我们都是人。与其故做冷静，两个人都坦诚做自己会自在许多。

你有没有想过学习去信赖朋友而不是情人？如果你遇到一个可以做朋友的异性，那个人对你而言其实比情人更安全。一旦在友谊里加入爱情的成分，关系就会变得不稳定，也比较不敢拉近彼此的距离和学习信赖。

我们常因自己欠缺信赖感而投射在别人身上，例如很多父母认为青春期的女儿不可信赖。薇拉的母亲很担心她会怀孕，虽然她已是高中生，仍不准她约会。原来这位母亲自己青春期时怀孕，却将对自己的不信赖投射在女儿身上。

同样的情况常发生在婚姻咨询时。黛丝说她的丈夫老是在监视她有没有外遇，后来她发现原来丈夫自己有外遇，却反而心虚地投射在她身上！就像其他感觉一样，欠缺信赖感往往会变成一种自我实现的预兆。薇拉有时候觉得她应该怀孕，因为父母似乎相信这件事一定会发生。黛丝也觉得她干脆有外遇算了，反正丈夫一直这样怀疑！

严重的“爱的伤害”会使人恐惧信赖。靠近炉火的温暖固然吸引人，但总有烧伤的危险。这种信赖感的不足往往会影响离婚后的恋情。离婚后谈感情的目的应该是再度学会信赖，以及治疗爱的伤口。这类关系往往很短暂，勉强拉长只会加深爱的伤害，延长调适的时间。

我们都是从父母及婚姻里学习如何互动，现在我们应该学习如何改善这些互动模式。了解自己的模式是很重要的第一步，你可能需要经历几次的恋爱或婚姻才能发展出更健康的模式。

你必须冒点儿风险学习信赖，当然你也许会被拒绝或被误解，但想要再体验亲密，冒险是必要的，因为丰厚的报酬值得你冒险。

孩子与信赖

对于不了解父母离婚状况的孩子而言，信赖的问题尤其严重，因为现在他和离开的父亲或母亲鲜少有机会做直接的沟通，却又必须适应他离开的事实。假设一个父亲突然离开家，没有告诉孩子理由或父母之间的问题，孩子可能会觉得他被遗弃了，当然很难再信赖离开的一方。

孩子其实比我们想象中坚强很多，如果父母愿意花时间好好和他直接沟通，孩子有能力承担很多事实。很多父母把头埋在沙堆里，以为不能将事实告诉孩子，结果往往造成孩子严重不信赖，自己也失去了孩子宝贵的爱与支持。绝大多数的孩子在父母告诉他之前就已知道父母要离婚了，除非是非常年幼的孩子。你愈是能坦白与孩子沟通，愈能赢得孩子的信赖。

你表现得如何？

下列问题有助于评估你是否已准备好继续往上爬。山顶已经不远，请小心不要爬得太快。

——请先确定这个重建方块真的放置得很安稳。

1.我可以信赖异性。

2.我开始了解男女对爱、恨、亲密、恐惧等感觉的反应其实同多于异。

3.我可以信赖自己。

4.我信赖自己的感觉，因而能把感觉表现出来。

5.我不怕亲近一个可能的对象。

6.我明白自己用什么方法疏离别人。

7.我在努力建立新关系，治疗爱的伤口。

8.我努力和同性、异性都建立值得信赖且具治疗效果的关系。

9.我能坦诚表达自己的情感，而不会释放出模棱两可的讯息。

10.我了解不是每个人都值得信赖。

11.在适当的时候我能够信赖别人。

12.我想要治疗爱的伤口，体验亲密关系。

13.在情感上我努力活在当下。

14.我了解刚离婚所建立的感情可能都是短暂的。

15.我在情感上愿意冒一点儿风险，暴露我的真实感觉与想法。

16.我对周遭的朋友真正感兴趣，而不是迫切想寻找新对象。

成长型关系有助重建自我

在婚姻结束后发展一段重要的关系没有什么不对，

你需要另一个人的支持、陪伴、回馈来帮助你重建自我。

这类关系通常都很短暂，因此你必须学会『健康的结束』。

为这些关系负责是成长过程的一部分，

你应该探讨如何在过程中得到最大的成长与治疗。

成长型关系

你问我是否拥有一个让我成长的婚姻？不是一个，是4个。每一次都比前一次更健康，我想我的确从每一次婚姻里学到了东西。

——苏　珊

我的妻子天生有很敏锐的判断力。每次我在整理自己的思绪时都会听听她的看法，她会告诉我哪些部分很真诚，哪些部分不够真诚。我很庆幸找到一个可以一起成长的完美伴侣。

——戴　维

很多人在攀登的过程中决定两人携手同行，在崎岖的路上互相扶持，而且似乎非常享受彼此的陪伴，但一段时间后通常会分道扬镳，各自独自上山。

有人陪一段路的确很好，但迟早他们会发现终究还是要自己走这段旅程。分开时一方或双方会有一段时间很悲伤，常要重新整理前面已经历过的重建方块，例如悲伤与愤怒。两人结伴同行时似乎速度快很多，随着新关系的结束，速度陡然慢了下来。

什么是成长型关系？

我们称这种结合为“成长型关系”，有些专家称之为“过渡关系”、“受挫后的关系”、“实验关系”、“治疗关系”。例如精神科医师马丁·布尔德（Martin Blinder）在《Choosing Lovers》一书里详述各种类型，他认为每一种都是独特的，可以满足双方的特殊需求。本章后面会探讨几种较常见的类型。

成长型关系可以帮助离婚者走一段比较顺遂的山路，对相伴的两人可能都是健康的。但光是让关系“发生”还不够，更重要的是要了解如何发展这段关系，才能更持久，更有助彼此的成长，乃至在结束时伤害更少。

成长型关系的特征包括：

*常发生在婚姻或情感结束后，但任何时候都可能发生。

*对象通常是潜在的结婚对象，但也可能是朋友、家人、心理医师或配偶。

*通常较短暂，但也可能变成较持久的关系。

*通常非常具治疗作用，但也可能具毁灭性。

*发生的时间通常是你正处于个人成长或人生转变的时期。

*通常双方都在寻找新方法与自己和他人创造新关系。

*可能会有“健康的结局”，而不像过去关系结束时那般痛苦与具毁灭性。

*通常双方有良好的沟通，两人会花很多时间谈重要的议题，如个人的成长或生命的意义。

*这种关系建立在坦诚的基础上——虽然未必对配偶坦诚——两

人会有深刻且前所未有的心情分享。他们见面时不会刻意打扮，企图把最好的一面呈现给对方（就像多数人在旧式“追求”的过程里所做的），而是袒露出最纯粹的情感，并且在新的互动模式里得到刺激感。

*这种关系是以成长为目标，不会停滞不前。这种治疗性质的关系绝不只是旧把戏重演。例如需要母爱的男人通常会娶一个精明能干、过度负责的女人，离婚后再娶的对象还是精明能干、过度负责的女人（甚至连名字都很相似!）。又如一个需要照顾别人的女人再婚的对象可能又是一个“流浪猫”型的男人，如此她才能重复旧的模式。成长型关系则恰好相反，旨在发展不同的新关系——一种个人成长的实验，而不是重复旧模式。

我们是在讨论外遇吗?

有些在婚姻中的人会与第三者交往，称之为成长型关系。这种关系可能有外遇的形态，我们看过某些个案确实能将第三者的关系变成具治疗作用的经验，甚至反过来丰富自己的婚姻生活，使之变得更稳固。但通常前提是这个人与第三者之间是友谊而不是爱情，爱情会有长远的影响，当事人很难完全治愈附带的痛苦。

小时候父母亲关于性与婚姻的谆谆教诲又在耳边响起了：“你说的是在婚姻之外且可能涉及性的关系，这难道不是在鼓励外遇或杂交?”其实不尽然，这种关系未必与爱情或性有关。如果你的宗教或道德价值观不能接受婚姻之外的性关系，你还是可以从纯友谊里学到很多，获得深刻的治疗。

成长型关系虽以学习成长为重心，仍必须符合你的道德价值。

为什么有些人比较可能发展成长型关系?

有些人确实比较可能发展出成长型关系:

抛弃者通常比被抛弃者更快发展新关系。

*男人比女人快。

*女人比男人更可能与朋友发展成长型关系。

*外向的人比内向的人容易运用成长型关系达到治疗的效果。根据心理学麦尔兹——布立格兹性格测验(Myers-Briggs Type Indicator),外向的人较容易透过与他人的互动达到治疗,内向的人则倾向靠自己。

*相较于不善谈论感觉的人,情感上较开放或无保留的人比较可能发展成长型关系。

*叛逆期的人比较常发展成长型关系("过渡"一章关于叛逆有更详尽的讨论)。

*年轻人较容易发展成长型关系。

*参与离婚课程的人几乎自然而然会与另一位学员发展出成长型关系。这是参与课程的一项很大的"附带效益",课程上培养的友谊也许能维持很长的时间,甚至成为终生的朋友。且这份友谊往往比过去的更健康,更具成长性。但别忘了,你和课堂以外的人也可能发展同样深厚的友谊。

*很多人会排拒这样的关系,唯恐发展到后来超过自己的负荷,他们要的是安全短暂的关系。在交往之初,你应该清楚直接而坦诚地与对方沟通你的意愿、需要与欲望。你可以控制未来的发展,而不是任由两人的关系发展到超乎你所希望的范围。

离婚课里15%~20%的学员并不是婚姻结束后来参加的,而是离婚后的成长型关系结束后才来参加。离婚后的第一段关系通常都不持久，且失败的痛苦往往比结束婚姻更甚。

随着21世纪的到来，成长型关系已成为社会中许多重要的过渡现象之一。

多了解这类关系的性质有助于提高治疗的作用，下面我们将探讨两种最常见的成长型关系：激情型与治疗型。

激情型

婚姻结束后，最常发生的成长型关系应该是强调爱情的激情型，当事人感觉终于（至少在表面上）弥补了上一次婚姻中欠缺的所有特质：激情、诚实、沟通、同理心、了解！无怪乎双方都想永远持续下去，紧紧抓着不放，还热切地讨论着共同的未来。

然而在此阶段谈长远的承诺对双方未必有益，我们来分析这种关系的潜在陷阱与益处：

陷阱：要对方为你的兴奋与激情负责。你是否把这段恋情看得太重要了？当你身处混乱的过渡期，有机会谈场激烈的恋爱确实很棒，你多么渴望能永远持续下去，觉得少了这个激情的恋人简直活不下去。但必须记住你还在恢复阶段，自己要为这段新关系负责。你才刚开始要做你自己，请给自己一些时间完成这个功课。和对方在一起固然很好，但如果你把自己的快乐完全交由对方负责，无异于是放弃全部的权利。

益处：你的个人成长是发展这段关系的重要理由。你要学习的是如何得到治疗、改变、自由与做自己。好好把握这个机会，当你学到东西时也给自己一点儿掌声，你已创造了一个有利成长的环境。

陷阱：将新伴侣放在高台上。这个错误必然会限制这段关系的治疗效果。请按照家庭治疗师维琴尼亚·萨提尔的“身体雕塑”尝试这个姿势（读者应该还记得“信赖”一章的讨论）。你和伴侣采取不同的雕像姿态，借以了解彼此的关系所带来的感受。让你的伴侣站在高台上（椅子、板凳或小桌子），你则站在地上。然后试着和对方说话、拥抱，那是什么感觉？站在高处的一方常会觉得寂寞、不稳定和不自在。

陷阱：对未来寄望太多。由于这段关系太美好，你会开始想到未来，以及结婚共度余生的种种。然而活在未来会严重局限治疗的可能，把握当下才能达到最大的治疗效果，也才是自我实现的表征。你必须能在这段关系里享受每天的夕阳，将每一天当做是生命的最后一天，就你当下的所有感觉进行沟通，不要再梦想着未来或这段关系会维持多久。

益处：双方通常有良好的沟通。你会将自己的很多事情与对方分享，可能也比以前的任何关系暴露出更多的弱点。你很珍惜这种坦诚、亲密、无保留的感觉，请记住！在这段关系你要学习的一个重要的经验就是学习亲密与无保留。现在所有沟通技巧与无保留的感觉在未来的情感路上可能都会对你很有帮助。

陷阱：你相信再也不可能遇到这么棒的人。你会紧紧抓住这段关系乃因你认为对方是你的“唯一”。（这是社会教你的期望?）错过了他，以后遇到的一定都是枯燥乏味的人。这句话有几分真实，但你感受到的激情与兴奋其实不是因为对方，而是与你的成长历程有关。因为你活在当下，毫无保留，愿意感受新的感觉。因为你走出了原来的壳，感觉自己找到情感的“归宿”。

也许将来你不会再感受同样的兴奋——走出旧壳的自由——但你可能会感受到亲密关系的快乐，爱人与被爱的温暖，而这些可能比短暂的激情更美好、更有意义。

益处：你感受到健康的可贵。当你逐渐成长，做回你自己，你不在意暴露自己的弱点，结果是你更能享受亲密关系，对你的自我认同更有信心。这时候你最需要学习的是你和很多人互动时都可以有同样的感觉。你不再相信只有这个人可以给你这种体验，只要你愿意，你可以有其他健康的关系，因为你已学会如何和自己共处。只是你与其他人互动时也许不会有那么强烈的感觉，因为你已没有那种激情的需求。

益处：成人的关系可以是个人成长的实验室。还记得“调适”一章和“过渡”一章探讨过原生家庭与童年的影响吗？你可以重新修正小时候学习到的东西，这段成长的关系可能就是最佳的“实验场”。这段关系很可能迥异于你与原生家庭或前配偶的关系，或许就是因为差异太大才会感觉特别美好。

陷阱：情感投资失衡。你可能会投资80%以上的时间与精力在这段关系上，却忽略了投资自己。这会限制你的治疗与成长，导致关系早夭，使得结束时更加痛苦。如果你希望达到最大的治疗效果，请克制自己一定要继续自我投资，如此你才不会在激情里迷失了自我。

请注意你的时间安排，例如你有多少闲暇时间花在提升自我，如培养嗜好、进修、自己独处或与朋友相聚？你又花了多少时间与对方从事增进彼此关系的活动？

尽量去学习与治疗，不要将那只珍贵的蝴蝶紧紧抓在手中，让它无法自由地飞翔。耗费精力紧抓住对方与彼此的关系，只会阻碍你攀爬自己的山峰，完成你的功课。

友谊与治疗的关系

成长的关系不一定等于谈恋爱，其实非恋爱的成长型关系反而有很大的益处。和一个好朋友或值得信赖的家人也可以有同样的治疗效果，你还是可以谈你的感觉，无保留地分享过去不曾分享的事情。这种友谊不会有爱情的激情与兴奋，却比较安全，也鲜少会有失恋的痛苦，治疗的深度却一样，同样可以成为改变互动模式的实验场。

重建课的学员很能认同友谊的成长关系，学员们多半能坦诚地分享自己，能与别人发展亲近的关系，也觉得这种关系很特别，比以前的任何关系都健康，更具治疗效果。事实上，学习发展这种关系可能是参加离婚调适课最大的收获之一。

心理治疗也可以是成长的关系，这要视心理医师与治疗的方式而定。这种关系的优点是很安全，因为彼此有清楚的界线，有付费的关系，加上专业的技巧。如果心理医师能帮助你真正做你自己，这将是你一生中最宝贵的经验之一。

成长型关系能持久吗？

每一段成长型关系都一定会结束吗？从关系的性质及你当时的情感状态来看，每一种关系都有它独特的基础。成长型关系的基础就是成长与治疗，这是它的目的。长远稳定的关系是以长远为基础，你看得出两者的差别吗？

当你建立成长型关系时你处于一个不稳定的过程——不断成长与改变，努力治疗过去的伤口。而你今非昔比，明天的你又与今天不同。在这样快速变化的阶段，你的基础也必须具有弹性与调适能力——容许你一直改变。这显然不是建立长远关系的适当基础。

你在建立成长型关系时也许并未写下或口头订立“契约”，但彼此还是有默契，那可能是“我需要这份关系来帮助我找到自己”。长远关系的基础则比较稳定长久（但不是僵硬），需要的是承诺、目标与稳定性。

如果成长型关系要变成长远，就必须彻底翻转过来，在底下奠立新的根基。这可以有几种做法。有些人会将彼此的关系做“健康的结束”，让一方或双方像“充满活力的马匹”——在草地上尽情驰骋，努力投资自己。然后再回来建立一个长久的关系。

另一个方法是透过良好的沟通，双方必须了解改变关系的利与弊，各自承担自己在长远关系中的感觉、贡献与角色。这沟通必须很坦诚。如果双方能开诚布公地谈清楚，也都了解自己应有的承担，然后决定改变为长远的关系，结果还是可能成功。

另外还有别的问题要考量。改变关系后你对伴侣的需要可能会与当初展开成长型关系时不同。当初你与对方交往的理由可能是因为他与你的父母、前配偶、朋友完全不同，然后这个需要得到满足了，现在你可能希望伴侣是与父母、前配偶、朋友比较相似的。因此当你想要与不同的人交往的需求满足后，你可能会想要结束关系。基于不同的理由，很多人经历个人成长后便会觉得成长型关系太局限而离开。

如果你想要将成长型关系变成长远的关系，请不要操之过急。双方都必须先认清自己的立场，才可能迈向更稳定的未来。

我为什么要有这么多段感情?

有的人会疑问为什么要有这么多段成长型关系，这是个很好的问题，理由如下：

*这些关系可能只发挥原本治疗效果的几分之一，因为你对未来寄望过高，忽略了把握当下。

*你不够专注于自己的恢复与治疗，因为你太沉醉于这个完美的新伴侣。

*你不知道如何健康地结束关系，结束时陷入很大的痛苦。（这痛苦又使你需要发展另一段关系来治疗。）

*可能你的原生家庭与童年经验带给你太多伤害，你就是需要数段关系才能治疗。

*你可能经历过前几章所叙述的重建过程，自己却不自知。这方面的自觉很有助于提高治疗的效果。

*另一个可能的原因是这些关系有太浓的激情，强烈到让你忽略了真正值得学习的东西。你可能轻易逃入激情的性关系里，一直无法醒悟过来。

*你与伴侣可能一直没有真正的情感联系。如果你没有活在当下，没有完全专注在你们的关系上，如果你还在逃避亲密，那么你可能永远无法达到真正的亲密、联系与治疗，同时却又因为不够亲密而不愿意结束关系。

每一段关系都对你的成长有帮助，也许你应该抱持感恩的心态，感谢陪你走过的每一个人。本章最后建议你把每一段关系中所学所治疗的写下来。

请尽可能善待自己。如果每一段关系的开始与结束你都严苛地批判自己，便等于再度否定治疗的意义。每一次发展新关系时请给自己鼓励，如此你才能得到最大的治疗效果。

让婚姻成为成长型关系

成长型关系的最大优点是可以帮助你的婚姻变成成长型的关系！基本道理是一样的：同样必须活在当下，要有良好的沟通，不要对未来寄望太高，要抱持负责的态度（个别为自己的感觉与心态负责，共同为创造彼此的关系负责）。

你可以细读关于叛逆与治疗性分离的篇章，里面的内容能帮助你在婚姻里创造新的关系。这虽然不容易，但多数婚姻都可以彻底翻新，重新奠立新的根基。你也可以参考布鲁斯的另一本书《Loving Choices》，对于如何在婚姻或长久的关系里创造成长型关系有深入的探讨。

学习沟通技巧

成长型关系需要良好的沟通，改善沟通技巧最快速的方法则是学习使用“我”开头的讯息。（“愤怒”一章探讨愤怒时谈过我的讯息。）

“你”开头的讯息就像毒箭射向别人，对方不是开始防卫就是反击。“我的讯息”则可让对方知道你为自己的感觉与态度负责。

使用“我的讯息”并不容易，因为你可能不会一直想到自己心里的感觉。下面提供简单的方法让你开始练习：当你要与自己或别人做重要的沟通时，每个句子都以“我”做开头。例如：“我认为……”“我觉得……”“我要……”“我打算……”最好能将思想与感觉分开，各采取不同的沟通语汇。想想看你希望达到何种沟通效果，如果你没有说出自己的希望，恐怕就无法得到你希望的结果。最后还要确定你将采取什么行动，以实际行动达到真正的目标。

男人常觉得很难谈论感觉，采取“我觉得……”的说法应有助于克服这种障碍。相反的，女人常可以清楚说出周遭人们的感觉与需要，却无法说出自己的感觉与需要。

“我的讯息”观念是加州心理学家托马斯·高登博士发明的，他的“效能训练”课程以父母、教师、领导者为对象，办得非常成功。（《Loving Choices》以相同的概念为基础，探讨更复杂的沟通方式。读者若想学习如何与自己及他人做更好的沟通，可阅读相关的篇章。）

健康地结束关系

成长型关系还有一个重要元素：健康地结束关系。因为这类关系通常都会结束，如果你学会健康地结束，对双方的成长都有很大帮助。这类关系有一个本质上的问题：如果你开始对未来抱持很高的寄望，你就会尝试让它延长到超乎健康的程度。

勉强将短期的关系延长到超乎它“自然的寿命”，只会增加不必要的压力。拉到极限的结果可能会像橡皮筋一样弹回来——造成更大的伤痛。

反之，若是能在过度拉长之前退回到朋友的关系，或许便可以健康地结束。如果你时时活在现在，当“现在”变得比较没有意义时，你会立刻注意到。例如当促使这段关系发展的需求已经改变，就是你应该结束的时候。说出你的需求变化，坦承你的心情改变，分享你从这段关系学到的宝贵经验。当然，结束仍会带有一丝因勉强想要延长而产生的痛苦。

健康结束关系通常有一个前提，就是一开始双方就对彼此的需求与欲望抱持坦诚的态度。身为军中牧师的彼得就是很好的例子，他说：“我告诉她我就像一只湿淋淋的小猫，需要有人照顾我，像母猫一样把我舔干。但我也告诉她，我不确定自己干了以后还会不会和她在一起。因为我们一开始就很坦诚相向，因此结束时能把痛苦减到最低。”

“健康的结束”可能有下列几点特征，我们希望你能将这些特质变成成长型关系的一部分：

*坦诚的沟通。

*活在当下，把握每个今天，不会共同计划不确定的“未来”。

*为自己的感觉负责，并坦诚表达出来，不玩“言不由衷，报喜不报忧”的游戏。

*从一开始就认定是短期的关系，除非变成长远的关系，否则不要轻易做出“承诺”。

*把自己的需求说出来，也倾听对方的需求。

留意是否有什么线索告诉你应该往前走了，当这样的线索出现时要让对方知道。

为极可能发生的结束预做准备，讨论到时候该如何处理。（例如是否需要不同的居住安排？交通呢？孩子是否牵涉在内？你们还会继续做朋友吗？共同的朋友呢？）

“健康结束”的概念可适用于所有的关系。每一种关系都有自然的成长循环，有些短暂如一年生的植物，有些如多年生的植物一样长久。不过，要判断一种关系的自然寿命并不简单。重要的是，你要为自己的感觉以及个人的情况负责——如此有助于关系的自然发展。

人生很多痛苦都来自执着某样东西太久，该放手时不放手。如果你相信别人应该为你的快乐负责，也就很难让一段关系维持应有的长度。

你需要成长型关系吗？

即使没有成长型关系，还是有很多方法可以帮助你治疗。但是当你醒来时如果有个人可以握住你的手，当你在学习认识自己时有个人可以谈心，当然感觉会更好，也会让治疗的经验丰富很多。

如果你明白这些关系是你将本书所教的各种技巧付诸实践的好机会，你会对这些关系的益处有更多的了解。我们希望你因阅读本书而提高自觉，而且做了书中的练习，进而能在这些关系里得到真正的治疗，而不再重复旧的模式。

孩子与成长型关系

你的孩子也可能发展出成长型关系，例如突然和其他父母也离婚的孩子变成好朋友，觉得彼此能谈的比以前“健全家庭”的朋友更多。

你可能会惊讶自己对父母离婚的孩子竟然有些偏见，你甚至不希望子女和他们交朋友。惊讶吧！你发现了自己原来对离婚有些偏见。请记住你的孩子也在经历离婚的过程，结交境况相似的朋友或许对他有些帮助。你应该已经了解任何人都可能离婚，对离婚者采取批判的态度是毫无帮助的。

如果你自己正在发展成长型关系，你的孩子将处于何种角色？这要看你建立的是何种关系而定。如果是治疗的关系，或许可以和孩子分享。如果孩子知道你和朋友分享心事，他也会比较自在与别人分享。如果你的成长型关系是与朋友或家人共同建立的，不妨让孩子参与，让他知道有个知音谈谈是很棒的事。

但如果你发展的是激烈的恋情，可能就要谨慎考虑是否让孩子参与。孩子已经看过你和配偶的争执，你可能希望以后让他看到的是充满爱的平和关系。但新恋情的刺激感很容易蒙蔽你的思考，你可能发现自己想让孩子参与这段关系的欲望已经越线，例如孩子在家的时候让对方过夜，通常会让孩子难以适应。

前面说过，成长/过渡的关系变成长远关系的几率不大，孩子很可能必须面对你再一次的关系破裂。在考量是否让孩子参与时不能忽略这一点。

为新关系的发展负起你应负的责任，这是调适过程的一部分。这份自觉或可帮助孩子更了解成长型关系的意义。重要的是，你自觉地做出爱的抉择，亦即你在掌控自己的人生，这对孩子是很好的示范。

成长型关系的功课

请在笔记本里回答下列问题：

1.你读完本章的感觉是否符合你的经验？

2.如果你有过一段或更多的成长型关系，请加以叙述。这些关系对你是否有治疗作用？或是造成何种伤害？你从每一段关系里学到了什么？对象是朋友、情人、心理医师或家人？你如何让下一段关系更健康、更具治疗效果？

3.如果你不曾有成长型关系，你希望有吗？你是否害怕暴露自己的弱点？你是否不知道如何沟通？害怕再受伤害？

4.如果你与配偶正处于治疗性分离的状态，你认为是否可能与对方体验成长型关系？这对你是全新的概念吗？

布鲁斯看过无数夫妻经历了痛苦的结束后浴火重生，再创新的关系。如果这是你的目标，一起阅读本书，一步步往前走是很好的开始。有时间的话尽可能做完书中的功课，互相鼓励扶持，因为这个过程需要的是承诺、自律与信心，而且不保证成功。

你表现得如何？

在继续下一章以前，请先做下列的简短评量，可以帮助你了解自己是否做好准备。

1.过去我曾经让对方为我的快乐负责，我已准备好宽恕自己。

2.我将每一段成长型关系中所学到的都列出来。

3.我可以自觉选择将来所要的成长型关系。

4.我愿意为每一段成长型关系负责，并将它视为治疗的一部分。

5.我自知成长型关系中的美好感觉来自我自己，我已渐成为我所希望的那种人。

6.我将本书所学的沟通技巧付诸实践（如果我是重建课的学员，也会将所学付诸实践），且运用在将来的所有关系。

7.我在目前的关系里很坦诚，也运用了良好的沟通技巧。

8.我在尝试新的健康行为，打破旧模式，让现在的关系发挥最大的成长与治疗效果。

我有兴趣，但很怕受伤害

刚离婚对性感到极度恐惧很正常。

在调适过程里你可以学习根据自己的道德标准表达性需求。

很多单身者遵循传统的道德观：禁绝婚姻外的性行为。

有些则偏好『单身次文化』：强调忠于自己的感觉、责任与风格。

现在你应该发掘你真正的信念是什么。

（但不管你决定怎么做，请记住一定要注意安全的性行为。）

● ● ●

性

中年离婚的心情是：

……不去倒垃圾，因为怕错过谈情电话。

……站在黑暗的停车场中大喊："谁要抢劫，我在这里！"

……歹徒要你把钱都拿出来，你说我没钱，但下次再碰到，我会开张支票给你。

……在门口放告示牌："擅入者依法究办！"

……会低头找找床下，希望有人躲在那里。

——洛伊丝

每个人对这段山路都充满期待，你可能从这一章先看起，或是看过"重建方块"一章探讨重建方块后便一直在期待这一章。无论如何，我们要劝你放慢脚步，深吸一口气，用正确的角度看待性。（至少先读过"重建方块"一章！）

在开始之前……

首先我们必须承认人们对于性的态度与信念可能有很大差异，读者的观点可能涵盖各种可能，从"婚姻外绝不可有性"到"只要我喜欢没什么不可以"都有。在我们的社会里性与道德紧密相连，不管你是道德立场坚定的人，或是选择非传统的生活方式，我们都同样尊重。

离婚课的学员里有很大的比例是在教会或宗教组织的支持下来参加的，而很多宗教都认为性的结合应限制在婚姻关系里。如果你是抱持这种信念的人，本章的一些讨论可能与你抵触。这一点我们很抱歉。但对于正在努力走出离婚阴影的人而言，性是很重要的议题，我们认为略而不谈很不负责任。

一次一个阶段

> 恢复单身的我对于要不要有性关系很矛盾，一方面觉得性对我个人的成长很重要，一方面又觉得没有和对方结婚就发生性关系很有罪恶感。我该怎么做？
>
> ——汤　姆

这段往上爬的过程里你必须找出自己的路。每个人的方向主要取决于他个人的道德观。这段路不只需要往上爬的力气，还要一边爬一边找路，因此你可能会比较犹豫与欠缺自信。不要急，务必找出适合你的路。当然，如果这条路不适合你，你还是可以换一条。但要知道有些人尝试与自己的价值不相符的行为后付出了很大的代价（情感上和肉体上）。

这个重建方块有3个主要阶段：欠缺兴趣、性致浓烈、回归正常。每个阶段对调适的过程都有很大的影响，但并不是每个离婚者都会经历3个阶段。有些人并未经过欠缺兴趣的阶段，有些人不曾经过性致浓烈的阶段。不过这3种阶段确实很常见，最好能有一些了解。

不管你过去的性生活品质如何，毕竟在离婚前很多年你都有性生活，而现在那个对象已不存在了。离婚后你要面对各种情感与社会的调适问题，其中之一是性欲的问题。

真希望我是单身?

未离婚前你是否曾猜想，那些“自由”单身者的性生活真的如传言中那么多彩多姿吗？你是否曾幻想若每晚和不同的人约会该有多棒?

现在你是单身了。(我们相信走到这里你应该已能接受离婚的事实。)看看周遭的人，很多人晚上都是一个人过的；很多人假装到单身派对狂欢，其实觉得无聊得要死。有时候你也会和某人共度夜晚，比较之下却觉得前配偶迷人得多，以前你从来没想过有人会比前配偶更糟。你认识的每个人似乎都和某人交往不久后分手，你都已经搞不清楚谁和谁在交往。想象中狂野的单身生活与现实有太大的差距，反而更加深离婚的创痛。

约会？我不确定……

请打起精神，这段路刚开始是最陡峭、最难走的，等你习惯单身的身份后就会容易得多。你已好多年不曾“约会”，你邀请的第一个人竟然拒绝了你；你去参加单身派对，深恐没有人请你跳舞——却又害怕有人请你跳舞。第一次接触异性时，你感觉笨拙得像高中生第一次约会。天啊！如果有人对你暗示——光想到那件事你就想永远一个人留在家里。

一个多年不曾约会的成年人应该如何表现才恰当？你少年时也曾参加派对，那时有明确的规则，甚至还有人伴护，父母可能会规定你几点要回家。现在只有你可以替自己设限，而你的感觉是如此混乱不确定，你甚至无法依赖自己的感觉。你曾羡慕单身者的自由，现在你宁可用一切换回婚姻的安稳。何况还有道德和健康的问题。

但慢慢地当你找到自己的路以后，一切都会变得比较自在。当你克服了混乱与不确定感，你可以透过与异性的约会与互动表达自己，你会找到过去不曾有的自由，不像少年时做任何事都知道那是别人预期或禁止的。

提出问题

在课程里最后讨论的是性，目的不是把“最好的”留到最后，而是等大家调适到可以自在讨论这么个人的问题。为了让大家更自在，我们先请大家写下关于性的问题——就是那种人们一直想问却又不敢问的。问题有针对男性的也有针对女性的，由第三者读出问题以确保发问者的隐私。从这些问题可以约略了解离婚者的心态。

刚离婚的人常问的问题包括：“异性的什么特质让你觉得受吸引?”“我讨厌约会这个词，难道没有其他说法?”“我如何告诉对方我们不要太认真?”

其后人们可能会问道：“男人对交往不久就发生性关系的女人有何看法?”“女人对于同时有一个以上的性伴侣有何看法?”“男人为何在上床后就不再联络?”“我拒绝婚姻外的性关系，这样你还愿意和我出去吗?”

男女对性角色的转换都有适应困难的问题：“男人对主动邀约的女人有何看法?”“女人到底要什么? 我帮一个女人开门，她觉得很烦，另一个女人却等着我为她开门。我到底应该怎么做?”“我一向能自在地称赞女人，然后邀她一起出去。最近竟然有一个女人说她喜欢我的腿，问我要不要和她一起出去。我该怎么做?”“你认为约会时谁该付钱?”“谁应该负责避孕?”“是不是只有我不喜欢用安全套?”

关于孩子的问题也不易回答：“谁该付保姆费?”“谁该送保姆

回家？”“你对孩子在家时带异性回家过夜有何看法？”“孩子不喜欢我去约会，我该怎么做？”“青春期的女儿叫我早点儿回家，我该怎么说？”“我到对方的家，他的孩子来开门，看到我竟把门关上，我该怎么做？”

多数人都会担心艾滋病和其他性病：“我想要有性关系却生怕感染性病，要如何预防？”“我如何在发生性关系以前确定对方没有艾滋病？”“疱疹是什么？有危险性吗？”

离婚者对于性有很多的担忧是可以理解的，这里所列的只是其中一部分。桃乐丝的心情可以作为代表：“最近我陷入极度的沮丧，我突然警觉我已40岁，离婚，意味着可能从此再也没有性关系。”

我们不敢保证能回答上述所有问题，但下面的讨论应该可以帮助你澄清自己的想法。

今晚不要，谢谢

第一阶段是性趣缺缺或完全无法做那件事，因为这时你仍深陷悲伤中。女人通常完全没有性趣，男人则是无能，这时你情感上有很大的痛苦，没有性趣或无能使你更痛苦。很多参与课程的人说：“我已经这么痛苦了，现在又发现自己性无能，简直是跌到了谷底。”当他们了解在深陷悲伤时没有性趣其实很正常，通常都会松一口气。

性趣从弱转强

离婚后我的性趣变得很浓，还因此打电话请朋友给我意见。事实上我完全不能接受没有结婚就和一个人发生性关系。

——蕾　秋

在离婚的过程中，也许是接近愤怒阶段的尾声时，你走过了无法有性关系的阶段。接着你可能走向另一个极端，进入性致浓烈的阶段。你可能一辈子不曾有过这么强烈的性欲，强烈到几乎令你害怕，但也因此你更应该尽可能了解自己的感觉与心态。这阶段的心态是必须证明你个人与性方面都没有问题。仿佛你要解决的不只是性的问题，而是透过性来解决所有的重建方块。你要克服寂寞，要再度感到自己值得被爱，要提升自我概念，要克服愤怒、发展友谊，这些全部都表现为性的欲望，仿佛要仰赖性来治疗自己，这也是为什么有些人觉得这个阶段的行为有些“强迫性”。

有些人会以一夜情的方式来解决，这是小说和电影里常常描述的。那种“出去证明自己没有问题”的需要太强烈，有的人会表现出以前没有过的性行为——不太顾及道德或健康的问题。

关于性致浓烈阶段还有一个现象很重要，你对身体接触有很大的需求。触摸具有极大的治疗效果，也许你以前与配偶的关系相当亲密，平常有很多的身体接触，现在这样的接触不存在了，很多人便以性来满足身体接触的需求，殊不知两者有很大的差别。事实上你可以透过很多非性的接触来达到满足，如拥抱、按摩、牵手、挽臂散步……

性致浓烈阶段的需求可以透过性以外的方式来解决。如果你明白背后的强迫性冲动有部分是为了证明你没有问题，证明可以再度对自己满意，那么你可以直接针对这些需要来努力。建立自我认同与自信，了解你是值得被爱的，这都有助于克服寂寞。如果你又能得到所需的拥抱“额度”，更有助于减轻这个阶段的压力。这些方法对于满足你的需求都有很大的帮助。

一般观念认为，离过婚的人在性方面很“开放”，主要就是源自这个阶段的印象。这时候一些离婚者确实比较“开放”，性欲很强，甚至有滥交的情形——在这个艾滋病及其他性病存在的时代，当然很不值得鼓励。

回归正常

> 我们以前的性生活并不好，分开后我们分别和别人发生性关系。再复合才惊讶地发现性生活品质提高了，分开去和别人在一起似乎让彼此都得到了自由。
>
> ——麦克与珍

最后你会走过性致浓烈阶段，进入性欲回归正常的第三阶段。(当然，每个人的性欲可能有很大的差异，而且别忘了，并不是每个人都会经历全部三个阶段。）由于前一个阶段太强烈，能够回归正常往往让人松一口气。

在性的初期阶段，你做的是应该做的事，第二阶段是做你想做的事。很多离婚者会经历性自由的革命，对自己的性格与性需求突然有了新的认识，这是离婚的另一种成长。

多数人在有婚姻时都是恪守一对一的性关系，也相信应该这么做，但到了性致浓烈阶段时可能突然有很多性关系。

最后他们又决定回到一对一的关系，但这次是因为自己想要这么做。这个转折对未来的关系有很大的影响——这时一个人对婚姻外的性经验已没有多少需求了。只要你还处在应该的阶段，就会想去做不应该的事。但到了第三阶段，你做自己想做的事，表现出真正的你，婚姻外的性诱惑自然大减。

人生还有更多重要的事

> 前面你所说的我完全同意，但你说单身时体验性是追求个人的成长，我必须强烈表示反对。性是神圣的，应该在神

圣的婚姻里发生在夫妻之间。

——约翰神父

我们的社会对性的描述往往太过夸张，因为我们长期以来都是采取隐藏与否定的态度。“媒体”里的性似乎与真实世界没有多少关联，广告充斥着性暗示，无非是为了推销商品。人们崇拜青春，以及理所当然与青春连在一起的美貌、活力与性。每天接受媒体过度的喂养，当然很难对情侣或夫妻之间的性有务实的观念。

一般在探讨性时往往忽略了精神层次。透过性我们可以超越平常的自我表达方法，用一种很特别而正面的方式表达对另一个人的爱与关怀。性让一个人可以超越日常的层面，甚至超越自我。然而，这个精神层次同样存在于愤怒的克服，人与人的沟通，学习喜欢另一个人，学习接受与适应人类所有的情绪。从宽广的角度来看，性是人与人许多健康联系的方法之一。

我们的社会因为历史上的宗教因素，传统观念总强调只能与配偶有性关系。但我们真正接收到的讯息却又很让人混淆，许多离婚者惊讶地发现彼此没有爱也可以有美好愉悦的性，道德或宗教观较传统的人则可能对任何婚姻外的性关系都会有罪恶感。另外还有一种道德观是只在意会不会染病或怀孕。

健康的离婚调适应该是超越对性行为本身的过度重视，明白性是与另一个人分享与沟通的美好方式。只要你的性是真诚表达你的特质与道德观，尊重对方的需求与幸福，不伤害别人与社会，只要符合这几点就是负责任，就有助于自我实现……而且符合人性。

每个人都应依据自己的信念、价值、性格、背景、心态、经验与对象发展适合自己的性道德观。很多离婚者选择只维持婚姻内的性关系——这对他们很适合。有些离婚者则觉得性是面对性致浓烈阶段与治疗自己的有效方法。

多数离婚者觉得一次维持一个性伴侣比较自在，事实上，各种证据清楚显示多数人都需要情感的支撑才能有性关系。当两个人之间有足够的沟通、信赖、了解与尊重，才能在符合道德价值的前提下自在享受性关系。如果你也能达到这个自我实现的层次，将来再婚时比较不会需要发展婚姻外的关系。

坦诚沟通性事

下面要谈的是你进入“离婚次文化”以后的其他调适问题。

女人常抱怨男人唯一感兴趣的就是上床，但我们发现很少离婚男人真的能享受廉价随便的性。遗憾的是，社会上有很多人不知道如何与异性发展出其他的互动方式，性往往成为最简单的接触管道，毕竟你可能从性里面得到最大的满足（即使非常短暂）。其实除了性以外两性关系还有很多层面，如果你能真正探索各种可能，你的生命会丰富许多。（例如前一章便探讨过与异性发展非爱非性的友谊。）

有一个现象很有趣，我们有一份问卷问学员最想讨论什么议题，第一名是两性关系，第二名却是男女各异。女人最想谈的第二个问题几乎都是性，男人则几乎都是爱。惊讶吗？还有更让你惊讶的。女人不仅有兴趣谈性，而且谈起来比男人自在得多。柏特坦承参与过一次讨论后回家便失眠了，那些女人如此畅所欲言让他大为震惊！

我们相信坦诚是与他人互动时非常健康的方式。（读者应该记得“坦诚”一章讨论卸下面具与坦诚沟通。）过去，性几乎是一个无法公开讨论的话题，人们也因此无从了解与修正自己对于性的态度与感觉。但现在我们可以更坦诚地了解与发展性的感觉，正如我们去了解其他的每一种情绪。

坦诚性态度会为你开启一条宽广的路。当你与离过婚的人约会时，不妨尽早坦诚讨论性观念，避免彼此心里猜测着“到底要不要上床”而玩各种游戏。你和很多新的朋友可能都不会有性关系，原因可能就是单纯觉得不适合。如果能及早坦诚讨论，可以让彼此的关系发展得更自然、更正常，而不必因性立场的模糊而浪费时间玩猜测的游戏。

如果你还处于初期的重建过程，想到性关系就很恐惧，不妨坦白与对方沟通：“我现在很需要朋友，但超乎友谊之外的东西都不是我现在能承受的。”你会惊讶于对方的友善反应，多数人都能了解与接受，因为他们也经历过同样的心路历程。

不要利用别人

有一群寂寞，甚至是迫不及待的人为“离婚次文化”带来另一种问题。这群人基本上只想利用别人，以致使得性问题变得更复杂。如果你是一个善良的人，看到周遭有人这么需要关怀，可能会很想满足他的需求，甚至包括性需求。

“离婚次文化”里流窜着庞大的寂寞与需求，使得一部分人陷入同情的陷阱而面对更艰难的调适过程。所谓同情的陷阱是指有股照顾别人、满足别人需求的需要。如果你就是这样的人，也许你应该学习自私一点儿。（在这里“自私”反而可能是负责的表现。）

外面有那么多寂寞迫切的人，你不可能满足每个人的需求，应该先满足自己的需求，照顾好自己，同时不要利用别人或被人利用。尽可能提升你的自我观感，追求内在的成长，让自己变成一个完整的个体，克服你的寂寞与匮乏。如此你才能为将来的关系奠定坚实的基础，也才能帮助真正需要帮助的人。

角色与规则：谁对谁做了什么？

很多人刚进入“离婚次文化”时会遭遇到一个大问题：对规则不

了解。你可能觉得自己像个困惑的青少年，不确定该怎么做。事实上我们的社会对性行为与性的态度有很大的改变，基本上已逐渐摆脱求爱游戏的既有规范，朝向自由表现自我的方向改变。然而如果你不知道自己是谁，自由做自己反而很困难！首先你必须找到自己的方向，表现你的风格，坦诚面对自己，尽量表现出你的特质——其实这远比遵循既有的规范要困难许多。当然，你的特质有很大一部分取决于你的道德观。

另一个挑战源自性别角色的变换，女人在很多方面（包括性）都变得比较主动，这可能让两性都感到困扰。我们在课堂上讨论性时有女性提出："男人对主动的女人有何感觉?"多数男性的反应是觉得解脱。过去主动的角色多由男性来扮演，也因此必须承担被拒绝的恐惧，现在他们很高兴有女人来分担被拒绝的风险，让他们摆脱永远必须主动的心理负担。

不过，话虽这么说，女人发现，实际生活中主动的女人常会让男人觉得受威胁。男人口头上说喜欢女人主动邀约，真正发生时却又不自在。似乎男人理智上喜欢女人主动，情感上却不易接受。

这个问题不只困扰男性，女人也很困惑。一方面想要采取主动，但真正要尝试时却又受制于传统角色的模式而开不了口。因此很多人同时要面对两个调适过程——既要适应单身生活，又要找寻身为女人的新认同。

当你还在努力走出离婚的阴影时，确实不容易质疑旧的性别角色，尝试新的行为模式。但从另一个角度看，却也是去旧布新的好时机。你的生活已全部改变，何不同时尝试性别角色的改变?

其实改变性别角色的结果就是两性更为平等，每个人可以更自由地做自己。当然，没有什么现象是一成不变的，社会规范总像钟摆一样来回摆荡。20世纪末的趋势是积极追求性的自由与两性平等。进入21世纪后，比较传统的价值观似乎又卷土重来。这不是一条平坦的道路，改变也总会带来不确定与混乱。现在你更应该好好认识自己，采取一个兼顾自我实现与尊重他人的价值观，据以调整你的行为。

谨慎是必要的

如果你决定要采取较开放的性态度,请接受一句劝告:注意安全!

“安全的性”在现今社会里真的很重要。艾滋病的泛滥已经对全人类的性行为造成很大的冲击，过去几年里患病人数似乎较稳定，但各行各业死于艾滋病的人数有继续增加的趋势。科学与医学界仍在努力寻求对抗艾滋病的方式，同时，我们每个人都应该负起预防的责任，采取安全的性行为，除了艾滋病之外，还要预防其他性病和传染病。很多人因此在性伴侣的选择上更为谨慎，或干脆减少性行为。

儿童与性

儿童也有性的重建问题。父母离婚后，他们要到哪里寻找两性交往与性的角色模范？如何学习成为一个成熟的男人或女人？

孩子看到父母和其他人交往会很困惑，孩子多少意识到其中有性的成分。（父母也许会很讶异，其实孩子往往知道父母之中谁和别人发生性关系!）如果父母正处于性致浓烈阶段，传递出强烈的性讯息，孩子要怎么做？要如何适应父母的新行为？

强调沟通似乎有些老生常谈，但在这时候沟通确实很重要。如果父母能坦诚地与孩子谈性——当然要适合孩子的理解能力——对亲子双方都很有帮助。孩子的生活中也许会有很多焦虑与不安全感，但混乱也可以是学习的开始。随着父母走过重建的每个阶段，孩子或许也可以对性有更深刻的了解——包括对自己的性发展。

孩子可能在亲戚、祖父母、父母的男女朋友身上寻找角色模范，正如一位少年所说的：“现在我周围的角色模范是有史以来最多的!”

你表现得如何?

这一章走了很多路，探索了不少问题。对离婚者而言，“性”往往是一大难题，请务必切实思考相关的问题再继续前进。下面提供几项指标帮助你评估自己的进度。

1.我能自在地与潜在对象约会。

2.我知道而且可以解释我目前的道德与价值观。

3.适当的时候我能够发展深刻有意义的性关系。

4.我能自在地与另一个伴侣发展亲密关系。

5.我的性行为与我的道德观相符。

6.我满意目前的交友状态。

7.我自认自己的行为是道德的，我希望子女也遵循同样的标准。

8.我以自己满意的方式满足我的性需求。

9.我能为自己与他人的互动方式负责。

10.我明白男女对性的态度与价值观应该是同多于异。

11.我能自在地与异性相处。

12.即使我的行为不符合别人的预期，我也可以有足够的自信坚持下去。

13.我不会让性致浓烈阶段的强迫性需求控制我的行为。

14.我以自己能接受的方式解决性致浓烈阶段的需求。

15.我了解也接受很多人深陷悲伤时，可能没有欲望或无法做那件事。

16.我每周都得到我所需要的拥抱“额度”。

你的意思是单身没关系？

单身——

这个阶段适合投资在自我成长而非寻找另一段感情。

单身一段时间可以让你建立自信，

体验单身是另一种可接受的生活方式，而不必与孤单画上等号。

不过，

有些人很容易陷在这个重建方块，刻意避免与人发展亲密关系。

单身

我明白了单身生活是力量与自我的肯定，而不是尴尬地承认失败。现在我与人相处时比较自在，不再浪费时间扮演社交变色龙。离婚后的愧疚感、自我怀疑及“我还会再爱吗?”之类的疑问已大大减少。现在的我乐意当单身贵族，这是我以前从来没想到的。

——赖　瑞

你注意到这段山路有些人独自登山，他们对自己登山的能力已有相当的自信，因而选择按照自己的速度而不要跟着众人的脚步。有些人独行是为了投资自己，有些人只是想一个人，想想事情，独自饱览风光。这是单身的阶段。

你曾经真正单身过吗?

很多人在结婚前从来没有学会单身过生活，他们从父母的家直接进入婚后的家，甚至不曾想过单身生活也可以很快乐，不曾怀疑过“婚后从此过着快乐日子”的神话。

莫娜嫁给乔之前一直和父母同住，过去她取悦一个男人（父亲），婚后取悦另一个男人（丈夫）。当乔第一次说要离开，她紧抓着不放，想到一个人过活就觉得可怕。她从来没有学会取悦自己，依赖心很强。独立生活虽然很具挑战性，却也让人害怕。此外她觉得很尴尬，一个35岁的女人竟然不知道自己要如何过活，听起来似乎可笑。

一段时间后她才慢慢适应一个人。刚开始她总是寻找其他可以倚靠的人或事，随着自信心逐渐增加，她开始尝试做自己喜欢的事情，也更乐在其中。她将整间卧室的壁纸换新，自己锯木板钉铁钉，为庭院制作新的篱笆。孩子去前夫那里时，她也开始自己去看电影，听音乐会。她还邀请所有的邻居来开派对。这些事情让她高兴极了，知道自己其实不需要任何人。莫娜可以说是学习独立的最佳例证。

吉姆是男性的例子。他从小就被母亲照顾得好好的，衣服总是洗烫整齐，三餐准时上桌，连房间都帮他打扫干净。他可以把全部时间放在读书、社团和工作上。读大学时他住在宿舍，同样有人供应三餐，房间也不太需要整理。他和珍妮结婚后，妻子取代了母亲所做的一切。他以为自己很独立，直到离开珍妮后才知道他有多依赖。他在厨房里完全不知所措，连最简单的炒饭都不会。他也不知道如何洗衣服，结果内衣裤被红衬衫染成了粉红色！车子可以花钱请人保养，但要请一个人全天候为你打扫煮饭可昂贵了。

慢慢地他煮菜的技巧愈来愈好，有一天终于敢邀请一位女性朋友来家里吃饭，朋友还吃得津津有味。他的衣服也愈来愈整齐，当他学会自己烫衬衫时真的很高兴，也很骄傲！学习照顾自己就像学习成长，每一步都让他很有成就感。

对影成三人

当然，这里所说的单身绝不只是学会做别人为你做的事，而是整个生活态度。

独立的意义在两性交往上最可以看出来。一个刚离婚的人很可能会说："我一个人绝无法过下去，我需要再找一个伴。"但到了单身的阶段，同一个人可能会说："何必再婚？现在我可以来去自如。爱什么时候吃饭就什么时候吃饭，日常作息不必配合另一个人，单身的感觉真好！"

在单身阶段之前，你可能会不断寻找"失落的另一半"。到了这个阶段，你可以自在地单独出门，不再需要一个"伴侣"来避免尴尬或失败感。你与他人的互动品质也提高了：现在你会选择一起出去的对象，不再只为了找个伴而不加选择。而且共度的时光不再是满足什么需求，而是彼此分享。你可以享受与对方的相处，而未必视之为潜在的终生伴侣。

爱上单身生活

离婚课的一项家庭作业是要求学员在单身阶段发展出新的兴趣。很多人以前闲暇时总做配偶想做的事或以前和父母一起做的事。这个作业很简单，就是要你花点儿时间培养新的兴趣，或是去做你长久以来想做的事，例如学吉他、画画、开车、运动等。认真去做的学员往往发现自己有很多真正喜欢的活动，而不再只是配合别人。

单身也意味着做一个负责的成人。我们与别人互动时所扮演的角色通常与内在的态度与感觉有关。你也许不知道，其实这是双向关联！当你改变行为及与他人互动的方式，你的心态也会跟着改变。("瞧，单身的我可以和别人处得多好！我一个人也过得很好！")

单身时比在婚姻中更有学习独立的机会。单身阶段很适合做内在心态与感觉的改变，以及外在行为与关系的修正，让你成长为更完整的个人。

我很高兴再度单身……是吗?

当然单身生活也不尽然都美好。研究显示单身者(尤其是女性)经济状况并不太好,在很多领域里单身者的升迁机会较差,且容易被视为恋爱与性的猎物。虽然反性骚扰的法律愈来愈严格,单身女性在职场上仍然会感受到压力,且常被误以为用美色换取升迁或其他机会。(许多大企业就性骚扰诉讼私下达成和解,福特汽车是最近的例子。)

美国议会虽已在讨论去除“婚姻惩罚条款”(就在本书第三版于1999年付梓时),所得税法还是独厚已婚者。社会上在为单身者争取权益方面已有很大的改变,但单身者仍承受许多经济上的不公平待遇。

另外,还有一些情况让单身者不舒服。艾莉莎对孩子的主日学校便很有意见,老师要孩子画他的家人,艾莉莎的儿子画的是他自己、姐姐和母亲——这就是他的家人。老师请他画出家中的男人,原因是:“我们都知道每个家庭都有爸爸和妈妈!”艾莉莎觉得受伤、失望、愤怒,并直接向牧师反映。

苏西在母亲节时上教堂,牧师讲道的内容是婚姻之爱。苏西和其他十几位单亲妈妈觉得完全被忽略,感到非常沮丧。她写了一封信给牧师表达她的感觉,这次牧师的反应很正面,在几周后他和这些单亲妈妈见面,另外举行一次特别的讲道——对母亲的角色有更宽阔的界定。

学校也是头痛的问题。强尼学校的家长会长打电话来,请他的父母主持飞镖比赛,这位单亲爸爸解释说他很愿意参加,但他只有一个人。会长说需要两个人一起主持,他还是找别人好了。母姐会的活动通常都是夫妻一起参加,一个人参加真的会很孤单。

例如，你独自去参加母姐会时，老师可能会告诉你这里所有的“问题孩子”都来自单亲家庭，因此他必须和你见面。他说你的孩子可能没有得到足够的“父爱”，因此功课欠佳。不仅如此，他还说你的女儿“迷上一个高年级男孩子”！言下之意如果她的妈妈有“长久稳定的关系”，她对男孩会有较正确的心态。你感到愤怒、受伤、无助，但又能说什么？

面对一些较常见的贬抑或歧视，你可以坚定表达你的立场，如此既可忠于自己的看法，也可顺便教育对方。与其愤愤不平地离开，表达立场会让你内心感觉比较好。

举例来说：当老师坚称你的女儿在双亲家庭里会比较好时，你可以这样说：“你说得对——做一个单亲妈妈不容易。前副总统奎尔甚至称许单亲妈妈是‘真正的英雄’。所幸我和女儿过得还不错，我不认为她的课业表现和我离婚有关。我愿意和你讨论有什么方法可以改善她的成绩，例如你对她的读书习惯有没有什么建议？或是你会给她额外的作业？”

如此一来，你并没有接受他的贬抑，或是让他将女儿的课业问题归咎于你的个人生活。让课业回归课业——把重点放在老师、学生、家长的3方合作，而不是你的情感生活。

成功的单身生活

一个人通常内在必须有很大的安全感，才能成功地面对单身阶段。本章主要探讨的是单身者面对社会的反应，如果你已成功走过前面的重建方块，在单身阶段应该比较能泰然处之。别人的态度也许会让你有点儿难过，但不致难以承受。事实上别人的偏见可以当做学习的激励，帮助你培养更稳固的内在力量。

单身可能是整个恢复过程中最具建设性的阶段，旧伤口可以得到真正的治疗。学习面对他人的异样眼光会让你变得更坚强。

但我们要提醒你：人们很容易陷入单身阶段而出不来。如果你没有真正处理好婚姻与亲密的包袱，或许会将单身身分当做避风港躲起来。

你可能听过有些人说："我再也不要结婚了!"其实这与真正的单身心态完全违背。这种人恐惧亲密，逃避感觉，仿佛视婚姻为最糟糕的社会制度——正在显示出这个人身陷其中无法摆脱。你的目标是要能自由地选择单身或婚姻，而不是永远单身。

现在社会上已能接受单身是另一种生活方式，几十年前，单身者总被认为有点儿怪异，都是找不到对象的人。而且结婚是比较"爱国的"，因为家庭是社会的基石。但现在人们的观念已经不同了，有一次我们在讨论爱的关系时，一位女士质疑为何要一再探讨婚姻。难道不应该也谈谈单身生活？我们只能以婚姻为唯一的理想吗？

美国每年约有100万件离婚案，居高不下的离婚率促成人们改变对单身的心态。也许这代表我们的社会愈来愈能接受个别的差异？希望是如此!

儿童与单身

单身对孩子而言也是重要的重建方块，他们必须在结婚之前，学习如何做一个独立于父母之外的单独个体。如果孩子能及早了解单身的重要，将来比较可能享有美满婚姻。

单身阶段里教养孩子的方式会有所不同。刚离婚时父母常会费尽心思想要证明自己还有人爱，有人可以约会，在各方面都没有问题。结果受苦的是孩子，孩子的需要被摆在末位。但到了单身阶段，父母通常比较注意到孩子的需要。

例如，苏珊娜本来在离婚课里担任志工，因为她"需要"从助人中感受自己的价值。到了单身阶段时，她便辞去志工的职务，因为她想多挪出时间陪伴孩子。这个阶段的父母已能超越自己的情感需求。

你表现得如何？

爬到这个高度有一个很大的收获：林线上的视野非常辽阔，你可以看到无尽的远方！单身阶段绝对是在林线之上，站在这里你可以更清楚看到整个世界，你看待自己、看待别人及你与别人的互动也更清楚，你的人生观更宽阔。单身阶段已经离登顶不远了，我们赶快去看看山顶的风光吧！

下面是最后登顶前的几点自我评量：

1.单身身份让我很自在。

2.我可以做个快乐的单身者。

3.我能自在以单身身份参加社交活动。

4.我认为单身是可以接受的生活方式。

5.我逐渐变成完整的个人，而不是半个人在寻找失落的另一半。

6.我会把心力放在自我成长，而不是寻找另一个对象。

7.我把朋友视为愿意共处的人，而不是潜在的恋爱对象。

8.如果我有小孩和家人，会享受与他们共处的时光，而不觉得是占据了我自己的时间。

9.我能以单身的身份找到内在的平静与满足。

现在我有未来的目标了

刚离婚的人常会生活在过去里，而且非常依赖别人。

走过离婚的过程后，他们开始学会活在当下，学会不依赖。

不管你有没有新伴侣，现在你可以做个独立的人，开始计划未来。

• • •

目标

我刚参加离婚课时，梦见自己开着一辆车飞出山路，车在悬崖边勉强停住，我因恐惧而不敢动弹。上完课后我梦见自己开着车在一处又宽又黑的洞里，但洞的尽头有一个水泥坡道，我知道可以从那里开出去。

——哈　瑞

回首来时路，这一路不是很值得吗？你刚离婚时陷在山脚下的坑洞，唯一想的就是如何活下去，根本不敢想未来的目标，只是过一天算一天，过一个小时算一个小时。

“登高望远”后便不相同了，不是吗？攀爬的过程非常辛苦，但你几乎要到山顶了，眼界已大为不同。你可以回头看看这一路是怎么走过来的，能够走到现在的位置是多么不容易。你也可遥望未来，因为你知道你可以决定自己要成为什么样的人。

省思过去、现在与未来

离婚的伤痛促使我们用心省思自己的人生。我们常会不断回想过去，想着如果人生可以重来要有如何不同的做法。然后我们又沉浸在当下，以致无法思索未来的路。

现在你该停止沉湎于过去的种种与现在的痛苦，开始思索未来的目标与决定。

深陷痛苦的人不容易订定未来的计划与目标，如果你还深陷痛苦中，阅读这一章可能会很辛苦。也许这本书你读得太快了，略过了一些学习的过程，那么你应该先放下这一章，花点儿时间回头看看前面的篇章，把所有该做的功课做完。

“自我价值”一章提过，布鲁斯的研究显示，刚离婚的人做“田纳西自我概念表”的测验分数都很低。其他研究有的采用“性格导向测验”，显示刚离婚者（尤其是被抛弃者）在想法与心态上往往还“活在过去”。深陷离婚谷底的人对未来鲜少怀有希望与计划，感觉就像但丁的地狱入口处所写的，“凡进入者希望尽灭”。

但如果你花了数周或数月的时间小心走过前面几章的过程，你应该已准备好继续未来的人生。这一章里你将享受这一路走来的成果，开始做未来的规划。

让我们一起开始吧！

你的生命线：订定目标的练习

下面这个练习要帮助你检视自己的过去、现在与未来：请你画出自己的“生命线”。这是一条时间线，在纸上由左向右画出，显示你生命中的所有起伏。

请记住这个练习是为你自己做的，不是艺术画，没有人会为你打分数！（不过本章最后会就这个“测验”提出一些问题。）必要时可以修改或重画，最后务必画出对你有价值的务实成品。下面提供按部就班的步骤：

※第一步请准备一张极大的白纸，愈大愈能够自由挥洒，几尺长的不透水厚纸最适合。

※接着想想看你现在几岁，你预期会活多久。多数人对自己会活多久都有一个概念，有些人觉得会活很久，有些人觉得很早就会去世。用心体会这个感觉，想想看你已经活了百分之几了，还剩余百分之几。例如你现在40岁，预计活到80岁，表示你已活了一半。

※在白纸上画一条垂直线表示你现在的年龄，左边是过去的生命，右边是未来。如果你活了一半，这条线就应画在中间，如果过了1/3，就应画在1/3处。想想看你还有多少年可以过，这剩余的生命你要怎么过?

※想想看你的生命到目前为止基本上是快乐还是不快乐，画一条横线代表基本的快乐程度。如果你基本上是不快乐的，把这条线画得低一点儿。接着你就可以开始画你的生命线了。

你的生命线：过去

※开始时请努力回想你对童年最早的记忆，多回忆一下，你对自己及未来的生命可能会有较深刻的了解。生命线的起点应该反映这段记忆的快乐或不快乐，愈不快乐就应画得愈低。

※接着想想童年发生过哪些重要的事，请标记在生命线上。如果是非常快乐的事，把它标记得高一点儿。如果是极不快乐的事，如家人去世，就标记在低处。继续画出小学、中学记忆中所有重要的里程碑。想象成你在对朋友诉说你的生命故事，包括你的婚姻与子女。

你的生命线：现在

※接着想到你离婚和现在的情绪状态。很多刚离婚的人会将离婚的危机画在生命线的最低点，但请记住你还有未来的人生要过，还要努力改善自己成为你希望的那种人。请如实画出离婚之后的快

乐程度。

你的生命线：不久的未来

※接着要开始思考未来。请订定未来1个月、3个月、6个月的短期目标，预想你会怎么做，会有什么感觉。会比现在快乐还是不快乐？你是否还会经历一些痛苦，如离婚的最后宣判、财产分配、入不敷出的经济窘境？尽可能务实地画出未来几个月的生命线。

你的生命线：长远的未来

※开始拟定长远的目标，问自己：一年后我会做什么？5年后呢？老年呢？我的脸庞是否将反映出生命中有过的快乐，或只显现悲伤、怨恨、愤怒或其他负面的感觉？退休对我的影响是什么？我会做好退休的准备吗？我能适应不再工作的生活吗？我能照顾好老年的生活吗？对于将来生病的问题我如何看待？我是否尽量过健康的生活，以避免重大疾病？我的生活中是否充满负面情绪，老年时可能转化为身体的疾病？

你已经播下生命的种子，现在这颗种子已经长大成熟，准备收割。你收割的是什么样的生命果实？回首一生你是否会说："我已经过了我想过的生活，现在可以安然死去。"或者你会说："我错过了生命，还不甘心死去。"

你将和谁一起生活？拥有另一个伴侣对你很重要吗？你希望年老时有人与你共享生命吗？或者你宁可享受单身生活的自由？

你生命中最重要的是什么？是名、利、健康或是成功？你对"成功"的定义是什么？如何让自己成功？如果有人问你："你希望别人记住你有什么贡献？""你是否努力让世界更好？"你的答案能让自己满意吗？

你已成为你希望的那种人了吗？你何时要开始朝这个目标改变？今天，下星期，还是下个月？或者你永远不会变成你希望的那种人？今天就是最好的开始。

孩子也需要目标！

父母离婚常让孩子感到困惑，由于父母自己正深陷痛苦中，往往忽略了孩子的需求。孩子不知道自己将往何处去，将来会发生什么事，也不知道自己明天会有什么感觉。也因此孩子常感到迷失，完全没有目标与方向。

孩子也有自己的难题，需要跨越重建方块（参见附录一）。只要给他们机会，让他们自己走过这段历程，孩子会为自己与新的家庭订定目标，否则孩子很容易感到迷失。

这时候孩子可能需要一个有系统的个人或团体成长课程（如附录一的“重建方块”）。这不仅能帮助孩子面对父母的痛苦，更可学习满足自己的需求。

本章的生命线练习也适用于孩子，尤其是小学高年级以上的孩子。他们对时间的概念可能与成人不同，但这个练习可以帮助孩子思考未来，订定自己的目标（当然孩子的目标是比较短程的）。

父母离婚会带给孩子强烈的不确定感，这时特别要让孩子对未来怀抱希望，协助他们订定自己的目标。

你表现得如何？

现在你已经思考过你的人生与未来，也完成了生命线图，接着请花点儿时间评量你的进度。现在离登顶已经很接近了，你可能迫不及待想要快步爬上去，但你已经走了这么远，千万不要在这时候乱了脚步。在继续最后一段行程之前请先回答下列问题：

1.我在攀登的过程中已努力走过每一个重建方块。

2.我已思考过我的人生，画出我的生命线。

3.我已订定一些可达成的目标，并拟好达成的试验性计划。

4.我已回头检讨比较困难的重建方块，确定都已没有问题。

5.我已准备接受自由所带来的快乐与责任！

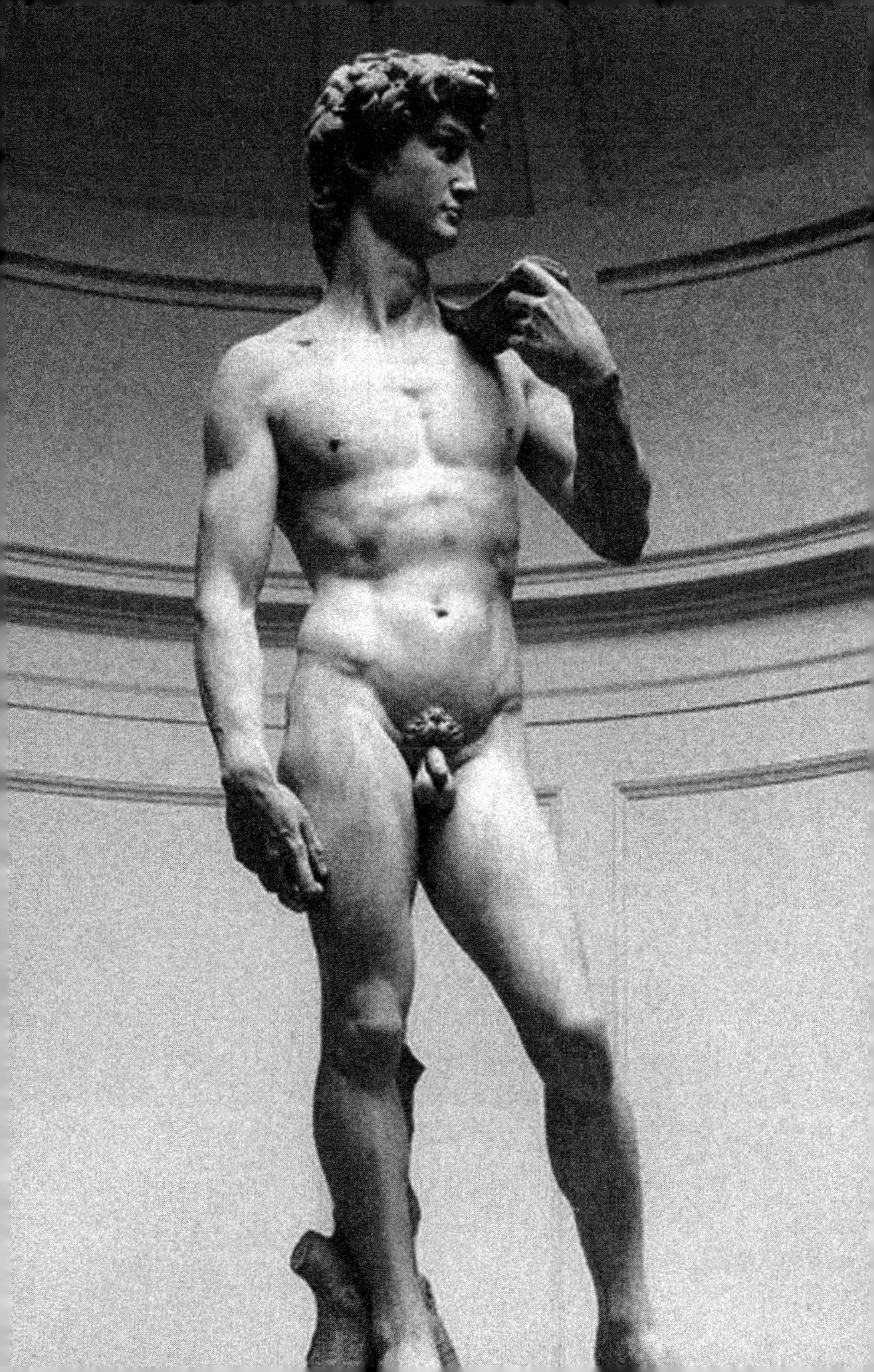

破茧而出的蝴蝶

自由就是完全做你自己。

走过每一个重建方块，你将建立更充实的人生、更有意义的关系。

你可以自由选择你的道路，不管是单身自给自足的生活，或是另一段婚姻。

自由

以前在婚姻里我常觉得困在爱的牢笼里，别人对我有太多的要求与期待，我很难做我自己。刚离婚的感觉更糟。但现在我发现我能飞翔了，能做我自己，就好像脱茧而出的蝴蝶，感觉如此自由！

——艾丽斯

哇！你瞧这山顶的风光！

读完这一页后，我们希望你放下书本，进行一次幻想之旅。想象你站在高山之巅，俯视群峰与山谷。嗅闻松树的香味，让清澈明亮的高海拔阳光温暖你的肌肤。看云海在你脚下，感受清风吹融冰河的积雪。看地平线在原野之外更远处，你能看得多远？再回头想想来时路，最愉快最有趣的是哪一段？最困难的？最痛苦的？你发现自己内在经历了多少改变吗？你在情感上也真正到达顶点了吗？或只是理智上？经过这段艰苦的个人成长，站在峰顶的感觉如何？

尽量慢慢享受这趟幻想之旅，当你已彻底想清楚了，再继续翻开下一页。

你走了这么远的路!

在单身的那段路上，我们希望你不仅觉得单身的感觉很好，而且是这一路走来最有价值的经验。现在你已可以考虑是否要再发展新的关系。走过这些重建方块的过程将如何影响你与别人的互动？你对寂寞、悲伤、被拒、愧疚、愤怒与爱的反应会严重影响你如何处理日常生活及与周遭人们的互动方式。

如果你真正走过每一个重建方块，克服了每一个难关——包括让你遭遇许多困难的部分——你将可以进入下一段感情（如果这是你的选择)，把它经营得比上一次更好。现在的你将更能满足自己和伴侣的需求，因为重建的过程不仅帮助你渡过危机，更让你学会如何过得更好——不管是一个人或两个人。

给丧偶者的话

也许你是丧偶者，对以前的婚姻很满意。研究显示丧偶者若选择再婚，通常婚姻比较能持久。丧偶当然很痛苦，也很难调适，本书介绍的多数重建方块都有助于丧偶者渡过危机。但很多丧偶者不需面对最难调适的问题——前一个不快乐的婚姻。

这里的空气很稀薄

很多人觉得攀爬的过程太辛苦，因而想半途而废。多年来布鲁斯听过太多人说：“我不想爬了，我要休息！我已经厌倦成长。”很多人真的因为疲倦、害怕或无法面对改变而停下来。这时候你是应该坐下来休息一下，等体力恢复了再继续往上走，山顶的风光绝对值得你做最后一次努力。

除了旁人的支持、协助，你是否有成功的信心也很重要，最后终究要看你自己。正因攀爬的过程很艰辛，山顶上总是人烟稀少。你是否有足够的自律、欲望、勇气与耐力登顶？

在这里我们要做一个诚恳的声明：我们不能保证登顶后你会更快乐，或更富有，或更充实。我们确定在这里低劣的对象比较少，好的对象比较多，但不能保证你一定会找到一个（除非你在镜子里寻找）。事实是你未必能找到一个适合的“他”和你共度余生，但你会更喜欢自己，更享受单身生活，你碰到的人会比较特别——毕竟他们也完成了艰难的登顶过程！

这里能供你选择的人的确比较少，因为有太多人根本爬不到山顶——很多人还在山脚下的营地，玩着社交游戏，躲在情感的墙后，找借口不肯登山。正因山顶上人口稀少，你可能更难找到新的朋友或伴侣。但你与他人的互动品质会提高很多，相较之下量并不重要。当你真正到达山顶，释放出各种正面的讯息，很多人会被你吸引。（事实上你必须格外谨慎，毕竟现在你的条件比较好，看起来奇货可居！）山顶并不比山路上某些地方寂寞，如果你仍然觉得寂寞，也许是因为情感上你尚未真正登顶。（你是否读得太快了？）

深吸一口气

有时候你发现旧的模式又悄悄回来，你并没有如自己所想的改变那么多，这时你可能会有些气馁。有没有想过你平常穿鞋是先穿左边还是右边？下星期试着颠倒过来，我敢打赌你很快又会回复旧习惯。日常生活的习惯都这么难改变，更别说改变性格。但只要你坚持下去，一定能做到。千万不要气馁，效果可能慢慢才会显现！

你可能对不可知的未来深感恐惧，记住你并不是唯一的一个！你所恐惧的可能是如何学习过单身生活，或是不知道该预期什么或别人对你有什么预期。当你第一次开车到不熟悉的城市时是什么感觉？混乱、迷失、不确定？你第一次参加单身派对时是什么感觉？熟悉的事物总是比较让人安心。（你可能觉得原来的婚姻还是比较好，即使那是地狱。）

但我们很怀疑现在的你还愿意回到原来的婚姻里，即使你真的愿意，也必然是为了更正面的理由，而不是因为恐惧不可知的未来！

单身之外

前面谈了很多关于学习过单身生活的重要性，这里要就两性关系的重要做最后补充。你一个人也可以努力让自己变得更完整，但我相信每个人内在都有一个部分需要另一个人来让自己真正变得完整。婚姻不只是蛋糕上的糖霜，但这似乎是很恰当的比喻：蛋糕不需要糖霜也很完整，但加上糖霜却甜美得多！我想每个人都需要另一个人让自己更完整，让生命更甜美！

自由的滋味

当你还在危机的谷底时，你不会想到计划，也没有未来的目标。你感到悲伤的原因是失去了未来，因为你必须放弃原来婚姻的计划与目标。但当你走出谷底后，你会开始找寻未来，开始拟定计划。

鄂尼是离婚课的学员之一，在医院工作，他告诉大家：“离婚的调适过程有点儿像在医院的精神病房，里面有一间才艺教室供病人消磨时间。病人刚入院时根本没有心力学东西，但等他们开始有兴趣时，表示已快可以出院了。当我开始订定未来的计划时，我觉得也快走出离婚的低潮了！”

研究显示，刚离婚的人（尤其是被抛弃者）往往“活在过去”，总想着“以前如何如何”。慢慢地他会开始活在当下，享受每天的夕阳。我们相信现在你已经走出过去的阴霾，开始能为自己的未来订定计划。

刚离婚的人（同样以被抛弃者为甚）非常依赖别人，但一段时间后会愈来愈独立。我们希望你已经找到依赖与独立的平衡点。

自由的孩子

孩子必须走过他自己的重建方块，学习自由做自己，避免像许多人一样受到不健康的需求所控制。当时候到来时，孩子必须能自由地选择婚姻。父母离婚的孩子往往会表示他不要结婚，因为他看到父母深受离婚的伤害。应该让孩子能自由地选择自己的人生，而不是只能遵循或违背父母的模式。

每个孩子都不一样，需求也不同。前面每一章谈到孩子时都采用概论式的用语，但请记住每个孩子都是独特的，应该如成人般被尊重！孩子的需求因年龄、性别、文化背景、家中小孩多寡、健康、是否有其他家人、朋友、邻居、环境、学校、父母的支持、个人的性格特质等而不同。

然而孩子通常比你所想的还坚强，有能力和你一起走过重建方块。我们很鼓励家长帮助孩子这么做！如果你认真考虑这一点，附录一对你应该很有参考价值。

你表现得如何?

读者应该会想做个自我评量，了解你成长了多少。以后最好能隔段时间就做一次，例如1个月，或至少两个月、6个月、1年做一次。

检视这些重要的问题可以帮助你继续成长，其中多数是前面登山过程中探讨过的，有必要的话你可以回去原来的篇章再读一遍。

1.我能以言语叙述我的感觉。

2.我可以与别人沟通我的感觉。

3.我至少有一位男性和一位女性的知交，当我感觉“将在生命之河里溺毙”时可以向他（她）求助。

4.我可以用正面的方式表达愤怒，不会伤及自己或周遭的人。

5.面对离婚的危机，我将自己调适过程的感觉和心态都记录下来。

6.过去一个月里我至少结交了一个新朋友或重新与一位老友联系。

7.过去一周里我至少和一位朋友共度有意义的时光。

8.我明白有哪些重建方块必须再加强，也已拟定加强的计划。

9.过去一周里我曾投注时间追求自我成长，例如读一本好书、进修、参观有趣的展览或听演讲、改善饮食习惯、观看电视的教育节目、在网络上寻找有用的信息、开始运动……

10.我认真考虑是否应寻求心理治疗，以提升自我成长或加速调适过程。

11.这一周我从朋友那里得到足够的拥抱“额度”。

12.这一周来我曾花时间独自祈祷、静坐或思考。

13.这一周来我做了某件善事来丰富我的精神生活。

14.我注意身体的疼痛、紧张、感觉，希望多了解自己。

15.我定期运动。

16.过去一周里我至少改变了一项生活习惯，而且感觉很好。

17.我注意饮食的营养（低脂、高纤、新鲜鱼类、水果、全麦）。

18.过去一周里我在情感上至少对一位朋友真诚付出过。

19.过去一周里我曾投注时间在精神的成长。

20.我喜欢做我自己。

21.我拟定了未来的计划。

22.过去一周里我让内在那个“自然的小孩”尽情玩乐。

23.我不再压抑愤怒、悲伤、寂寞、被拒、愧疚，而学会以正面的方式表达。

24.我比离婚时更能掌握自己的人生。

25.我能感受做自己的自由。

26.我积极运用本书的概念加速调适的过程。

你表现得如何？你满意自我评估后的“成绩”吗？不妨隔一段时间便拿出来看一看，可以帮助你追踪自己的进度，提醒你别忘了一些重要的概念。

你已准备飞翔了吗?

我们追求的到底是什么样的自由?

自由该从内在寻找，当你能摆脱需求的控制，例如逃避寂寞、愧疚、取悦父母的需求，逃避内心那个“父母”的需求，然后你便会找到自由。

山顶上的蝴蝶象征随处飞翔与降落的自由，你可以摆脱桎梏，做你想做、应该做而且能够做的人。

你最大的敌人就在你心里，最需要摆脱的就是内心的恶魔。

当然，你最好的朋友也在你心里。登山的过程中你得到的不仅是追求快乐的自由——不论是一个人或两个人——还有做你自己的自由，也因此这趟个人成长的旅程非常有意义。

要结束这本书是很困难的，因为我们知道结束对你而言只是一个开始。我们从无数人的重建过程中学到登山的意义，或许你也可以给我们一些帮助——写信到Impact出版公司转交鲍伯，让我们知道这本书帮助过你，告诉我们将来的版本有什么地方要改进。请不要期待回函，但我们一定会用心拜读你的来信，说不定你会在将来的版本中看到你的故事！（当然一定会保护你的隐私。）

如果你认为布鲁斯的口述版本可能对你有帮助，不妨听听他的录音带。内容并不是这本书的口述，而是以传统方式做15个重建方块的摘要。

附录一

孩子比你想象的更坚强
——孩子的重建方块

我觉得我的一生能错的地方都错了。现在我的孩子竟然也变坏，我真的不知道该怎么办。

——柯　琳

当然，单亲妈妈要赚钱养家很辛苦，真的很辛苦。但离婚后拥有孩子监护权的爸爸又如何？一个男人要独力养育小孩，没有人会给你支持。女人看到你就不自在，不是以为你很色，就是过度热心想要照顾你和你的孩子。你也不能和其他男人谈，他们谈的是高尔夫球比赛或露营，听到你在烦恼如何训练小孩大小便只会觉得你很奇怪。

身为单亲爸爸，我事先没有想到：

1.儿子半夜做噩梦尖叫醒来时该怎么办?

2.如何找到一个好保姆?

3.儿子3岁时如何帮他办生日派对?

4.如何煮好三餐，还要会做饼干蛋糕?

5.如何回答下列问题：妈妈为什么离开？她在哪里？我将来会再见到她吗？她爱我吗？你会离开我吗？我为什么要去保姆家？

6.因为这种种不稳定感，我们父子俩都常常哭。

——比　尔

爸，还记得我们以前的美好时光吗——在你离家以前？

——席　拉

孩子也会经历和成人类似的调适过程，但每一个重建步骤的感觉与态度可能与成人有些不同。大人应该要了解孩子也有自己的山要爬。

身为家族心理治疗师，我们认为不仅要帮助孩子适应父母离婚，当父母在阅读本书或参与费雪的10周重建课时必然会有一些改变，这部分也是我们应该帮助孩子适应的。

关于父母离婚对孩子的影响已有很多人做过研究，有的说孩子所受的创伤终生无法磨灭，有的说孩子其实反而可以获益。费雪的书籍与课程都是为了让孩子真正获益。

离婚后调适得比较好的人通常也是比较称职的父母，他们的孩子印证了研究人员所说的：父母若调适得好，孩子通常也会调适得比较好。

孩子与离婚

很多离婚者为弥补孩子所受的伤害而扮演“超级父母”的角色，对孩子的帮助其实不大。

孩子常会遭遇和父母相同的难题，对孩子最有利的做法是你自己尽快调适好，然后才能成为支持孩子的力量。

很多孩子在父母调适的过程中坚强地在一旁默默支持，等到他认为父母已够坚强了，才开始自己的调适过程。

本书加上这段附录有很多理由。第一，每一班离婚课里至少都有一个学员还在为父母三四十年前的离婚耿耿于怀，我们希望你的孩子不需要花那么多时间调适。

第二个理由对我们身为婚姻与家庭咨询人员很重要，参与10周的课程通常能带来很大的个人成长，而这些改变对孩子必然会造成影响。孩子不仅要适应父母离婚的事实，还要适应父母的重大改变，我们当然必须尽一切能力帮助孩子调适。

希望这一章以及前面各章谈到孩子的部分能够帮助你和孩子化危机为转机，更希望能借此提供基本的架构与动力，作为搭配10周成人课程的小孩研习课程。

好的离婚胜过坏的婚姻

我（布鲁斯）在20世纪70年代担任少年观护员时，刚开始以为青少年犯错的一大原因是父母离婚，调查数据更强化这个观念：我们辅导的孩子里48%来自非双亲家庭。我自己离婚后才明白我以前对离婚家庭抱持怎样的偏见，事实上孩子犯错并不是因为父母离婚，而是功能不彰的家庭往往以离婚收场。

研究显示，父母离婚的孩子约有1/3在校表现及适应能力都属中上，1/3中等，1/3中等以下。相反的，功能不彰的双亲家庭的孩子几乎都在中等以下。

此外我对离婚法庭的对立过程也有偏见。我在少年法庭工作时以为这种对立的体系是好的，有助于发掘真相，实现正义。但在离婚法庭工作了二十几年，我确定这种对立的过程只会衍生愤怒与报复心理，徒然让孩子的调适过程更困难——更别说对父母的影响。

例如，曾经有个法官让一位父亲在两年的时间里就3个小孩的监护权开了5次庭，我认为这是法院在虐待儿童。就像前面所说的，问题可能不在离婚本身，而是法院的处理方式造成孩子的适应困难。如果父母能平和离婚，对孩子情感与心理的伤害最小。反之如果双方恶言相向，会使孩子加倍痛苦。

所幸与20世纪40年代比起来，现在的父母有更好的机会可以走出离婚的创伤，孩子的适应状况自然也比较好。我到图书馆找了1948年《周六晚报》（Saturday Evening Post）上关于离婚的文章，其中一篇的标题是《父母离异后孩子变成半个孤儿》。我希望不久的将来社会上会认为孩子有4个父母也是不错的事。

我不愿意把孩子的适应问题说得太轻松，事实上父母离婚对孩子的影响可以长达许多年。例如将来女儿结婚时离异的父母要坐在哪里？父母不断打离婚官司，孩子如何与祖父母维持亲近的关系？如果孩子年幼时父母便离婚，孩子将来离婚的几率是否较大？

我对下面几件事深信不移：对孩子而言父母平和离婚比继续维持坏的婚姻更好；如果父母能调适得很好，孩子通常比较可能调适得好；很多人离婚后反而成为更好的父母，对孩子有益；父母离婚常是孩子一生中最大的创伤，我们必须尽一切能力减少孩子情感与心理上的伤痛。

父母的适应能力对孩子的影响

多年来我对一个现象一直感到纳闷儿与惊讶：当我们陷在离婚的谷底时，为什么家里的电气设备特别容易出故障？洗衣机和汽车知道我们正在办离婚吗？我再也不敢笑我的朋友——她每次使用复印机以前都先祈祷不要夹纸。

当所有的东西都出故障时，孩子往往表现得极为懂事，只是我们不肯承认而已。孩子怕我们生气而比平常还乖，也常会帮忙做一些以前不会做的事。他们把自己的愤怒与痛苦隐藏起来，暂时停止自己的调适脚步，只因为不愿意让父母增添一点儿烦心。

当我们做父母的开始放松心情，自认为已经调适得不错，变得比较坚强时，要特别留心了！通常就在这时候孩子意识到他可以开始重建，不必再战战兢兢。柯琳告诉我们："我觉得我的一生能错的地方都错了。现在我的孩子竟然也变坏，我真的不知道该怎么办。"我告诉她，这可能是孩子在称赞妈妈呢！孩子真正的意思是："你已经调适得很好，也很坚强。现在我应该可以开始我的调适过程了，我也需要哭泣、愤怒、表达受伤害的心情。我想你终于可以陪我走过创痛了。"我很高兴看到这些父母的脸庞亮起来，我说的其实是很常见的情况。

孩子比你想的更坚强。

孩子的难关

孩子在攀爬重建之山时可能会遭遇7个难关。

第一个难关是"我不知道什么是离婚"。孩子可能不知道"离婚"两个字是什么意思，或是对生活的实际影响是什么。有些孩子对离婚存有既定的观念，如果没有人对他解释，也可能自己想象最糟糕的情况且深信不移。

第二个难关是"我不喜欢这一切改变"。如孩子所看到的，离婚确实带来生活的大变动，孩子必须适应很多改变，如住所、社区、学校、朋友、个人空间等，且可能在很短的时间内。

第三个难关是"我心里充满各种不同的感觉"。孩子可能产生各种情绪反应，悲伤、愤怒、担忧、困惑、解脱等等，而又完全不知道该如何应对。

第四个难关是"我该为父母的离婚负责吗"。孩子对自己的责任可能有不同的解读，有的相信自己真的做了什么事害父母离婚，有的觉得有责任让父母心情好一点儿，有的相信自己哪里不好才无法常常见到无监护权的一方。

第五个难关是“我不知道我们还算不算一个家”。孩子可能不知道如何与父母双方互动，因为你与前配偶已经没有关系了。有些孩子会疑问是否可以同时爱父亲和母亲，或是应不应该选一边。此外孩子可能会疑惑“家”的定义是什么，因为现在大家都不住一起了。

第六个难关是“真希望父母能复合”。因为离婚带来的种种不快乐，孩子可能会一直怀抱复合的幻想。很多孩子借此减轻父母离异带来的压力，有些则是因其他问题难以适应而希望改变现状。

第七个难关是“如果父母找到新伴侣将是最好（或最糟）的结果”。这问题与孩子对未来的看法有关。有的孩子认为只要你找到新伴侣一切问题都解决了，少了父亲或母亲的家庭似乎就是不够完整。但也有的孩子非常抗拒父母寻找新伴侣，因为这是父母不会再复合的具体证据。如果孩子一直以“最好”或“最糟”的两极化角度看待你的交友，可能就是陷在这问题上。

最后一个难关是“我觉得我是世界上唯一一个父母离婚的孩子”。在离婚过程中，孩子常觉得孤单寂寞、没有朋友、自尊低落（他相信是自己做错了什么导致父母离婚），不断寻找新朋友。

孩子的重建方块

还记得前面提过的被树干绊倒的比喻吗？难关可能会让孩子绊倒，重建方块则会让他再站起来。孩子会慢慢接受离婚的事实，奠立复原的基础，这段危机可能反而促进孩子的成长与成熟。当孩子将每个难关变成重建方块，他就会变得愈来愈坚强。

第一个重建方块是“我知道离婚是什么，也知道离婚对我的意义”。这时孩子清楚了解离婚的定义，也明白离婚对他个人的生活可能的影响。

第二个重建方块是“我在努力适应周遭的改变”。孩子找到一些健康的方法应对周遭的变化，他也许不喜欢这些变化，但已找到无害的方式应对。

第三个重建方块是“我能把感觉表达出来而不伤害自己或别人”。这时孩子比较清楚自己的感觉，并找到适当的表达方式，通常他觉得有足够的安全感，至少可以和父母之一分享心里的感觉。

第四个重建方块是“我知道离婚是大人的问题”。孩子不再觉得必须为父母的问题负责，渐渐对自己可控制和不可控制的事有较清楚的界线。

第五个重建方块是“我仍然可以爱父母”。孩子明白他不需要选择父亲或母亲，对家庭有了新的定义，亦即同时包含父亲和母亲但不住在一起。

第六个重建方块是“我能接受父母不再复合”。孩子逐渐成长，即使复合的希望无法实现也能接受。

第七个重建方块是“如果父母再婚，我知道会同时存在我喜欢和不喜欢的情况。”孩子不再认为你寻找新对象是绝对好或不好的事，而能有比较平衡的看法，知道有正面的益处，但也有新的挑战。

下一个重建方块是“经历父母离婚，我学会做自己的朋友”。当孩子能说这句话时，表示他已快爬到山顶了，话里的自我价值感证明这一路走来是值得的。这时孩子已能走出寂寞，能与自己与他人发展亲密的感觉。

最后一个重建方块是“我可以自由地做我自己”。当你和孩子到达山顶时，你们看到的自己、他人和生命都变得如此不同，亲子都会感受到奇妙的自由与亲密，因为你们已将危机转化为创造的经验。

每一个重建方块代表孩子走过离婚恢复过程的每个阶段，这段路对孩子的智慧、力量与成熟应该都有帮助。

携手重建

带孩子去爬山是很好的象征活动，如果你住的地方离山不远更好。一起从事户外活动极有助于拉近亲子关系。即使没有爬到山顶，登山的过程也会让你得到很多启发。住在市区的人可以找个安全的地方规划具挑战性的健行路线，其中部分行程可以安排爬楼梯。如果你们能专注过程中的感觉，效果会更好。例如共同探讨你们觉得哪一段路最刺激？哪一段路挫折感最大？途中遭遇过哪些挑战？到达终点时是什么感觉？达到目标的感觉又如何？这对于你们的心理调适有什么启发？你和孩子是否对彼此有了不同的认识？

带孩子攀爬离婚调适的山峰。

（布鲁斯·费雪&罗伯·史都毕《Robert Stewart》）

附录二

治疗性分离

——离婚之外的另一种选择

> 我幻想有一种关系比我们以前能够想象的更美好、更丰富，那是成长的实验场，我们两人可以在婚姻中一起成长，同时完全做自己。但现在的我还不是真正的完整，还无法和你建立这样健康的关系，除非我能先与自己建立更好的关系。我想我必须和你分开一段时间。请记住我爱你。
>
> ——妮　娜

多年来一本通俗《女性》杂志每月刊载一个“这个婚姻还能挽回吗?”的专栏，专门提供意见给婚姻面临危机的夫妻。现在这股挽救婚姻的热潮似乎又重新兴盛起来，这里希望与读者分享一种效果颇佳的方法。我们不敢说这个方法已经过周详的测试与证明，但现在看来成效似乎很不错，如果你还没有真正离婚，我们建议你认真考虑采用。

“治疗性分离”是双方约定分开一段时间，让触礁的关系能改善，或是让没有问题的关系增添新的活力。简而言之，治疗性分离是要改变婚姻的基础——从依赖的关系变为健康的互动。双方必须同意致力追求个人成长，与自己及他人创造更健康的互动，从而为彼此创造出过去想象不到而今更充实的新关系。

一个人婚姻出现问题时，基本上有3个选择：维持现状，结束，创造新的关系。如果婚姻已摇摇欲坠，没有多少人会选择维持现状，因此只剩第二与第三。而一般人很少想到有第三个选择，感觉起来似乎不可能，而且也不知道如何着手。因此多数人几乎不假思索就选择结束婚姻，于是离婚率节节攀升。

其实还有另一个选择：与自己及对方发展出新的关系。治疗性分离便是提供了这样的架构。

什么是治疗性分离？

“治疗性分离”有点儿类似旧式的“试验分居”，双方分开一段时间，将来再决定要不要离婚。但这与未经规划与设计的分居不同，这是一种有效分离，双方致力于追求个人成长。如果你能与自己建立较好的关系，就可能与对方建立更健康的新关系。你所要改善的可能是“旧的关系”，也可能是“原来的你”。总之，这是以创意方式强化两人的优点，在不分开的前提下建立新关系。

两人的关系可以比喻为一座桥梁，每个人形成一端的基础及一半的支撑，连接两端的桥身则是彼此的关系。治疗性分离让彼此有时间专注经营自己那一端的基础，而不是把重心放在彼此的关系。这个过程有些可怕，因为期间没有人注意那座桥梁——它可能会崩塌。但冒点儿风险很值得，当两端的基础重建后，将可建立一座更坚实的桥梁。

治疗性分离的目的

“治疗性分离”的目标绝不只是让婚姻延续下去。个人成长的程度与治疗性分离是否成功有很密切的关系，如果双方都很用心经营自己，新关系自然较能延续下去。

下面列出治疗性分离的目标，或可帮助你判断你们的状况：

※减轻婚姻问题所造成的压力。在婚姻里两人互动的模式会不断改变，因为两个人在情感、社会、身体、精神等各方面都会不断发展。当这些发展造成两人关系紧张与压力时，危机便会产生，这时两人很难就彼此的未来做出理性客观的决定。如果能暂时分开一段时间不要做决定，或许可以为彼此争取一点儿空间。

※追求个人成长，解决本书提到的难关。成功的治疗性分离到最后可能就是将难关转化为重建方块。

※改变你们的关系，结果可能比你所能想象的更美好、更丰富。在新关系里不仅能做你自己，提高个人认同，所能感受的爱与快乐更超乎你的想象。你对爱将有更深的体会，你们能创造出一种没有极限的关系，将爱情升华到近乎精神爱的层次——这是上帝之爱的最佳模拟。

※为婚姻画下正面的句点，让结束的过程成为具建设性的经验。也就是说，你会将离婚的压力、焦虑、法律争端减至最低，让双方都感到满意。更重要的是，你们甚至可能继续做朋友，平和地分担教养孩子的责任。

谁需要治疗性分离

具有下列特质的夫妻可能会考虑治疗性分离：

※你觉得悲伤不快乐，或觉得窒息、压力很大、沮丧，甚至想自杀，必须分开一段时间才能活下去。

※你的配偶拒绝为婚姻问题负任何责任，也拒绝接受咨询或其他成长活动。分离是为了给配偶“当头棒喝”。

※你正经历“过渡”一章所说的叛逆阶段，你需要情感的空间，

决定分开一段时间以解除内在的压力。

※你正在治疗童年的伤痛，需要一个人完成治疗的过程。

※你正展开一个重要的个人转变，也许是心理或精神的，你希望尽可能投入最多的时间与心力，而这与投入婚姻的心力相冲突。

※你觉得在婚姻里没有足够的情感空间，你需要更多空间才能存活、成长、进化或改变。

※你陷入矛盾中：虽想继续维持婚姻，却又无法打破旧模式。住在一起只会助长旧的互动模式。你想要“离开旧关系”，创造出较健康较少需求的新关系。分开一段时间可让你学习以不同的方式和自己共处，进而与配偶发展出新的互动模式。

※你需要了解单身的感觉。你当初可能直接从父母的家进入婚后的家，没有经验过单身生活。你很想体验这成长的重要阶段，做一个独立的成人。很多人误以为单身生活就是自由而没有责任，可以逃避与配偶生活在一起的压力。分开一段时间可以让你对单身生活的困难有更务实的了解。

※你可能第一次需要表现出不受原生家庭的模式影响。你的婚姻之桥可能和父母的很类似，现在你想要摆脱父母的影响，因而必须与配偶保持一段距离，因为你们的互动模式与父母太相似。

※你和配偶都将自己的不快乐投射到对方身上，让对方为自己的不快乐“负责”。你必须学会为自己的感觉负责，分开一段时间，拟定个人成长的计划，可以帮助你们两人学习为自己的人生负责。

再谈抛弃者与被抛弃者：80%与20%的比例

很少夫妻同时决定要分离。在费雪离婚课里，当抛弃者决定离开，约有84%的婚姻会结束。我们估计治疗性分离的比率也差不多，亦即一方想分离而另一方不情愿的情形约占八成。听起来似乎很不利分离的结果，是吗？双方要如何克服态度、目标、动机的差异？

首先，夫妻必须重新思考“是谁的错”的问题。婚姻会触礁，双方同样有责任。这句话其实不易理解，刚开始可能也很难真正信服，甚至连心理治疗师都不例外。但我们辅导过许多的夫妻后发现，剥开层层痛苦的问题到达核心时，双方的责任是相当的。也许提出分开的是其中一方，但双方都有问题。当你能了解并接受这个概念，也就为成功的治疗性分离以及成功的新关系奠立了基础。

布鲁斯研究离婚过程发现，被抛弃者通常有较多的愤怒与痛苦，治疗性分离中被动接受的一方可能也是如此。但不管任何一方有强烈的感觉都应该先妥善处理，分离才能真正达到治疗的效果。

分离后双方会有很多时间可以思考自己的问题、事业、兴趣等，对双方都是好的。被动的一方可能也会慢慢感受到有时间追求个人成长的益处，进而体会对方的心意。

当被动的一方能真正了解对方内心有太多的痛苦与压力，唯有分离才能继续走下去，自然比较能接受分离的决定。

通常女性比较有意愿来上“关系重建”的课程。但上了5周的课后，男人会承认：“刚开始我以为自己不需要上课。我来是因为我认为她需要上课，但经过5周的课程后，我发现自己比她还需要上课。”经过教育与了解，被动的一方比较能体会分离的益处。

经验显示主动提出分离的多半是女性，原因有几个：研究显示女人在婚姻中比男人不快乐，女人比较能尝试新的方式改善关系，经历个人转变的一方需要时间与空间，例如治疗过去被伤害的经验，而这通常是女性，经历精神转变的人通常是女性，在这个男性主导的社会里女性通常比较顺服，但也是比较可能寻求平等的一方，当婚姻出现问题时，男人通常会选择离婚，因为不知道或不相信有改变的可能。当女人提议分离时，传统的“大男人”通常不会同意，而会直接要求离婚。会接受治疗性分离的男性通常比较敏感、有耐心、体贴、有弹性、能接受改变。

分离的原则

如果你能遵循下列的原则，成功的机会比较大。这不是绝对的规则，但如果你忽略其中一两项，恐怕会有失败的可能。

1.最重要的一点是双方都有强烈的决心，爱与决心是最大的激励。

2.列出你心目中理想婚姻的特质。想想看哪些特质对你特别重要，想象分离后你希望婚姻达到何种理想，把你的希望与对方分享。

3.与对方坦诚沟通。学习使用“我”开头的讯息，而不是“你”开头的讯息。如“我认为……”、“我觉得……”、“我想要……”、“我需要……”、“我打算……”学习尽可能对自己与配偶诚实，说出你真正的想法。所谓诚实可能包括坦承你要为某部分的婚姻问题负责。你是问题的一部分还是解答的一部分？

4.在分离期间不要离婚或开始任何法律程序。你们必须同意在与对方讨论之前绝不采取法律行动，法律体系的对立性质恰与治疗性分离的目标相违背。即使是想到或威胁要采取法律行动就足以使对方放掉煞车，迅速导致离婚，因此你们必须在“分离协议”里明订双方都不会考虑采取法律行动。唯一的例外是，一方或双方觉得必须以离婚的形式宣告旧关系的结束，但仍然应该由两人共同协议，避免对立的法律程序。两人如能同心让旧关系结束，对治疗性分离会有正面的助益，这也可能引起对方的注意，明白你确实需要情感的空间。

5.高品质的共处时间有助于培养新关系。（请参考下面一节。）不妨将新的关系视为刚长出的幼苗，它须要经常细心呵护才能长大，而不致被分离的暴风雨击倒。

6.继续发生性行为可能有助于培养新关系，但也可能造成伤害。请参考“性”一章的提醒。

7.有时候你可能需要和另一个人讨论。因此你需要亲友的支持或心理医师的协助，以免让分离的风暴多添一分变数。

8.分离期间很适合写日记。在这个艰难的时期，你需要一个地方表达与纾解强烈的情绪，好好整理自己的想法与感觉。

9.多阅读、上课、听演讲。多一分了解，失控的婚姻问题就可以多一个煞车的力量。尽可能多阅读、多进修，会让这个过程更具治疗作用。

10.好好照顾自己，以免身心被掏空。分离的过程非常耗损心力，有时候你可能觉得没有力气继续下去而想放弃。思考你要如何恢复精力，不让自己被掏空。

11.采用附录三的“治疗性分离协议书”作为对彼此的坚定承诺，当然应依据你的需求做必要的修改。像这样的正式协议书会让成功的几率大增。

12.认真考虑（一起）接受心理治疗，当然你要找的是合格的婚姻或家族治疗师。

其他考量

高品质的共处时间。分离期间最好能定期拨出时间共处，频率视双方的感觉而定，基本上应该让双方都愉快。共处时可以做的事很多：用心分享与倾听，发挥良好的沟通技巧，感受言语上的亲密感，若感觉适当也可以有性的亲密，互相鼓励，尝试新的互动模式，为新的关系做准备，一起做好玩的事，分享你个人的成长心得。当旧的互动模式又出现时，两人应赶快分开。切记诚实相待很重要！

分离的时间。你可能会问，“我们应该要分开多久？”分离的一个目标是要鼓励与支持你们尽可能体验恐惧与不安全感！你可能很轻易订出3个月的期限，借此延迟面对问题。你的态度可能是“再怎么糟糕总可以忍耐3个月吧！”我们建议你设定一个期限，但也要明白期限应有弹性，且可以再议。不知道要分离多久的不确定感会让你更小心翼翼，激励你继续追求个人成长。

不确定婚姻未来的走向确实让人心慌。你不知道自己需要成长到什么境界，彼此的关系需要改善到什么程度。（如果你曾尝试改变对方，也许这就是你需要治疗性分离的理由！）有时候你有种如履薄冰的感觉，仿佛一个不小心就可能滑跤，跌入离婚深渊的寂寞、被拒、愧疚、愤怒及所有的负面感觉。

治疗性分离可能耗费一年左右的时间。

重新在一起的时间。我发现这是个很重要的问题。通常双方都会因分离而不安痛苦，以致太快决定重新在一起。不过，双方的意愿还是会有差异，通常较急于在一起的是男性及被动的一方。时间也是一个因素：刚开始一方或双方比较急切，分离的时间愈久，双方都会愈犹豫。

太快在一起是非常有害的，你们很可能又回复旧的互动模式，这会使得再次分离的机会增加，而每一次的分离又会使离婚的几率增加。

请慢慢考虑重新在一起的时间，特别小心"蜜月期"的错觉。你可能开始觉得情感上很亲密，性关系也改善了（也许是因为你已放弃任何期待），于是你们又想在一起——却是为了错误的理由。请等到双方都同意你们真心想要白头偕老的时候。矛盾的是当你们都相信可以一个人快乐地活下去时，往往表示你们可以共度快乐的生活了。

婚姻外的关系。一般而言，在分离期间与另一个人交往会影响你改善与自我的关系，因为你会投注很多时间与心力在上面，无暇追求个人的成长。

主动要求分离的一方通常非常投入个人成长，根本没有兴趣与其他人交往。他们对治疗性分离有坚定的决心，不惜冒着危及婚姻的危险让自己变成更完整的人。

被动分离的一方通常有很多机会与其他人交往，但又发现自己原来比想像中更被婚姻“套牢”。他会发现交往的对象有很多新的问题，交往后反而使他更愿意接受治疗性分离。

一个在叛逆期而主动要求分离的人（不论男女）比较容易与他人交往，两人的关系看起来可能很像外遇，甚至也发生性关系。但他通常认为那只是一个过程，主要目的是为了有个亲密谈话的对象，而不认为是外遇。这种关系也可能变成长期的结合，但通常不会是很健康的关系。

与他人交往对治疗性分离通常是不利的，交往的双方往往夸大彼此关系的重要性，若是当事人正处于叛逆期，更容易觉得刺激，对彼此的未来抱持过高的期望。（然而这种刺激感很少延续超过“蜜月期”。）配偶则会感到受伤、被拒、愤怒，可能会决定终止治疗性分离，完全放弃婚姻。

缺少支持的力量。这是分离期间的另一个问题，这时双方都会承受很多压力，特别需要亲友支持。问题是很少人看过治疗性分离成功的例子，多数亲友可能都认为你们终究会离婚，或根本不相信治疗性分离的概念。于是在你最需要支持的时候，朋友都劝你赶快离婚："你还不肯面对事实，你看不出来你的婚姻已经完了吗？""你们还在互相依赖吗？你好像还无法真正放开。""到时候你只会浪费律师费，最好在对方整你之前先下手为强。""你为什么要继续维持这种不确定的状态？你应该继续过你的人生。""你为什么不赶快甩掉那个浑球？"

“治疗性分离”的概念与很多人的价值观相违背，社会上很多人仍深信婚姻就是“至死方休”，治疗性分离是一种让人无法接受的反传统做法。这也是为什么很多人无法支持。

当朋友说你的婚姻必会结束时，你可能更没有安全感。当然，你还是要继续争取亲友的支持，但也要有心理准备他们可能不会认同。也许你可以影印这篇文章给朋友看，或许他们会更了解。

治疗性分离的矛盾。治疗性分离有许多矛盾，下面列举较重要的：

1.主动提议分离的人通常是因为需要情感的空间，但被动的一方反而因此受益，受益程度甚至超过主动的一方。

2.刚开始主动者自私地努力满足自己的需求，最后反而提供机会让被动者得以满足他的需求。

3.主动者似乎想要离开，其实却往往比被动者更依恋婚姻。

4.一旦主动者觉得已有足够的情感空间，便会要求与被动者拉近距离。

5.主动要求分离的人并不会寻找其他对象，被动者希望继续在一起，却往往较容易发展另一段关系。

6.分离时双方往往比在一起时更依恋婚姻。

7.多数人多少会将自己的一些心理障碍投射在配偶身上，治疗性分离会突显出这个现象的荒谬，当对方根本没有在身边时你很难再把责任推给他！

8.一方主动提议分离的原因之一是追求个人成长，但最后被动的一方往往得到同样或更大的成长。

9.主动者可能会要求正式结束婚姻，以便双方可以重新开始新的关系。

10.治疗性分离可能让旁人觉得这婚姻很有问题，而事实上这可能是此段婚姻最健康的时候。

11.在寻求个人认同的过程中，主动者可能发展出更强烈的“关系认同”——认清个人在婚姻中的角色。

12.主动者通常能给被动者他需要的，虽然不一定是他想要的。

治疗性分离或逃避现实？

这是应该讲求行动而不是承诺的时候，如果双方未能积极经营自己，重建桥梁两端的基础，分离可能只是更趋近真正的结束。

下面提出几个重要的问题供读者思索：你们是否都努力让分离有正面的结果，或是只有一方在追求个人成长？是否两人都在接受咨询？都尝试阅读自我成长的书籍？双方是否都有独处的时间，或是在无助于成长的情况下与他人在一起？两人是否都能避免过度使用药物与酒精？双方是否都用心经营自己，或是投注在另一段关系？双方是否有高品质的共处时间，并有良好的沟通？双方是否都努力了解自己对婚姻问题应负的责任？双方是否都愿意检讨自己能改进的地方，而不是一味期望对方改变？双方是否都相信对方是问题所在，除非对方先改变否则自己完全无能为力？

回答完上述问题后，你们的治疗性分离可以打几分？你们是否一起努力改善婚姻关系？如果只有一方在努力，很可能你还在逃避现实，终究难以避免离婚的结局。

后　　记

“治疗性分离”的架构是特别为夫妻而设计的，但这里所谈的原则可适用于其他多种关系，包括朋友、家人、同事、心理医师与个案等。暂时分开能够让双方得到一点儿喘息的空间与不同的视野——用不同的角度检视彼此的互动，为将来更坚实的关系奠立基础。

治疗性分离的评估

我们非常希望分离的双方都能仔细回答下列问题：

1.我明白当初进入婚姻的某些理由促使我今天需要治疗性分离。

2.我承认我们会需要治疗性分离有一部分责任在我。

3.我愿意在分离期间努力追求个人成长。

4.我明白我现在需要更多的情感空间与我个人的成长历程有关，或者我明白配偶需要更多情感空间与我有部分关系。

5.我努力追求个人成长，建立与自我更健康的关系。

6.我努力让这次的分离成为创造性的经验。

7.我会在分离期间尽力从配偶身上学习。

8.我尽量避免做出会导致离婚的行为。

9.我明白自己需要情感的空间是因为有很多内在压力，我会努力纾解这些压力。

10.我已完成我这部分的分离协议书。

11.在适当的时候我会与配偶讨论结束分离，不管结果是离婚或重新在一起。

12.我避免怪罪配偶或将自己的问题投射在他身上。

13.我避免扮演“无助受害者”的角色，我不相信对我们的婚姻问题“我无能为力”。

14.我会阅读本书的续集《Loving Choices》，或参与10周的“关系重建”课程，或两者并行。

附录三

治疗性分离协议书

治疗性分离是非常具挑战性的经验，可能会让双方感受到很大的压力与焦虑。如果能预先达成一定的共识并建立某种架构，必可提高治疗性分离的成功几率。反之，未经规划的分离最后常导致劳燕分飞。这一份协议旨在提供基本架构与规则，让这段分离成为富建设性与创造性的经验，大幅提高婚姻成长的可能，而不致加速两人的永久分离。

一、决心

我们察觉婚姻已面临危机，决定尝试富创意的治疗性分离，希望彼此对未来的关系有更清楚的看法。无可否认，我们的婚姻有些问题已对彼此造成伤害，但我们也承认里面仍有正面与建设性的资产，可据以建立新的关系。因此我们决心从个人、社会、心理、精神等各方面做好必要的功课，让这次的分离发挥治疗的作用。

不久的将来，当我们在分离期间达到了一定的个人成长与自我实现，我们将对未来的关系做更明智的决定。

二、治疗性分离的目标

双方同意以下列几点为分离的目标：

1. 提供婚姻之外的时间与情感空间，让彼此努力提升个人、社会、精神、情感等方面的成长。

2. 更清楚确认我对婚姻的需要、希望与期待。

3. 探索我对婚姻的根本需求，并决定这些需求是否可以在我们的婚姻里得到满足。

4. 事先体验离婚后可能产生的社会、性、经济、教养子女等方面的压力。

5. 探讨我离开婚姻或留在婚姻里，哪一种比较能适应。

6. 维持足够的情感距离让我将自己与配偶的问题区分开来，我发现两者已纠缠不清。

7. 提供适合的环境让我们的关系得以治疗、转化、演变为更健康、更充满爱的关系。

三、具体决定

1.分离的时间

我们同意自________年____月至________年____月分离。

（多数夫妻对所需的时间有一定的概念，从数周到半年或更久都有可能。任何一方随时都可要求重新协商时间长短，事实上这也是很好的沟通话题。）

2.共处的时间

我们同意在双方协议下在一起，共处时可以玩乐、谈话、一起陪孩子或分享彼此的成长经验。我们同意第一周共处______次，每次______小时，其后每周时数另议。共处时是否要有性生活必须经过讨论与协议。

（理想的分离应定期共享高品质的时光。有些人很享受新得来的自由，希望共处的时间愈短愈好。另一方面，一个人若以前觉得情感的空间不够，现在可能反而希望多点儿共处的时间。对于根本不想分离的另一方来说可能有些不解，事实是一方因感到窒息而迫不及待想离开，但一旦离开了禁锢的空间后，他对情感空间的需要便会遽减。

请注意共处的时间一定要具有品质，且是为了创造新关系奠立基础。一旦旧的模式以任何形式出现，两人须立刻分开。至于是否应继续性关系则见人见智，理论上性关系可提高亲密感，减轻分离期间的压力与伤害。但也可能造成“性”一章所讨论的问题，使被抛弃者困惑对方是否只是要“让他（她）失去戒心”。）

3.个人的成长经验

甲（　　　　）同意参与□个人咨询，□重建课程，□婚姻重建课程，□婚姻咨询，□其他成长活动，如阅读自我成长书籍、记日记、梦境解读、运动、饮食计划、成长团体等。

乙（　　　　）同意参与□个人咨询，□重建课程，□婚姻重建课程，□婚姻咨询，□其他成长活动，如阅读自我成长书籍、记日记、梦境解读、运动、饮食计划、成长团体等。

（理论上，只要是可行、务实、有帮助的，双方应尽可能多增加个人成长经验。）

4.婚姻外的交友情形

甲同意□争取好友的支持，□多与别人交往，□不与潜在对象约会，□情感上维持忠诚，□性方面维持忠诚，□参与社团、宗教单身团体等。

乙同意□争取好友的支持，□多与别人交往，□不与潜在对象约会，□情感上维持忠诚，□性方面维持忠诚，□参与社团、宗教单身团体等。

（理论上，双方应就婚姻外的社交、恋爱、性关系达成协议。）

5. **生活的安排**

甲同意□住在家里，或□搬到他处，或□定期住在家里几天，如此孩子可留在家里。

乙同意□住在家里，或□搬到他处，或□定期住在家里几天，如此孩子可留在家里。

(经验显示双方继续留在家中的安排效果较差，这似乎会冲淡分离的经验，无法像分开居住那样追求个人成长，也无法让需要的一方得到足够的情感空间。)

6. **财务问题**

甲同意□一起保有共同账户，□分开保有共同账户，□开立新账户，□负担汽车相关费用，□负担家用，□负担孩子教养费每月元，□负担房贷与水电，□负担医药费。

乙同意□一起保有共同账户，□分开保有共同账户，□开立新账户，□负担汽车相关费用，□负担家用，□负担孩子教养费每月元，□负担房贷与水电，□负担医药费。

(有些夫妻会决定继续使用共同支票账户、存款账户，共同付担费用。有些夫妻则采取财务完全分开的方式。根据许多离婚夫妻的经验，往往一方会取消支票账户与存款账户而没有通知对方。如果有任何引发争议的可能，双方可各取走一半的资产，开立新的账户。)

7. **交通工具**

甲同意使用______交通工具，乙同意使用______交通工具。

(最好是确定分合后再变更所有权。)

四、孩子

1. 我们同意□联合监护，______由________取得单独或实质监护权。

2. 我们同意如下的探视安排。

3．医药费与保险费由__________负责。

4．我们同意透过下列几点让治疗性分离对孩子发挥正面的影响：

a．双亲都致力与每个孩子维持高品质的关系，务必让每个孩子感受到双亲的爱。

b．双方在适当的范围内尽可能坦诚与孩子沟通治疗性分离的意义。

c．父母应让孩子了解分离是大人之间的问题，孩子没有责任。

d．父母不可透过孩子表达对彼此的愤怒或负面感觉，让孩子夹在双方之间是很大的伤害。

e．当双方因态度或观点不同而争执时，应避免让孩子必须选择支持某一边。

f．父母不可教唆孩子侦测对方的行动及打小报告。

g．双方必须同心协力教养孩子，尽可能发挥最大的合作效果。

(夫妻在尝试治疗性分离时务必将孩子可能受到的创伤减至最低。)

五、签名

经详细阅读与讨论后，双方一致同意上述条款。如一方有意修改或终止合约，须知会另一方。

甲方签名____________________日期____________________

乙方签名____________________日期____________________

建议

我发现阅读本书确能帮助夫妻建立更健康的关系，如果能参加10周的重建课程，效果更好。参加课程时最好将目标订为“离开旧关系”，而不是离开配偶。

治疗性分离并不易成功，下面的资源应该有助于提高成功的几率：求助合格的婚姻与家族治疗师或心理医师，阅读《Loving Choices》，参加10周的“爱的抉择课程”，寻求亲友支持以渡过这艰难期。如果你在尝试治疗性分离前无法解决婚姻的问题，在分离期间你很可能需要外在的协助、指引与支持。

(京)新登字 083 号

图书在版编目 (CIP) 数据

重建/[美]费雪,[美]艾伯提著;张美惠译.

-北京:中国青年出版社,2008

书名原文:Rebuilding

ISBN 978-7-5006-7982-0

Ⅰ.重... Ⅱ.①费...②艾...③张... Ⅲ.离婚-通俗读物

Ⅳ.C913.13-49

中国版本图书馆 CIP 数据核字 (2007) 第 188150 号

版权登记章图字:01-2006-2022

作　　者:[美]布鲁斯·费雪　罗伯·艾伯提
译　　者:张美惠
责任编辑:李晓丽
封面设计:胡　凝
出版发行:中国青年出版社
社　　址:北京东四十二条 21 号
邮　　编:100708
网　　址:www.cyp.com.cn
营销中心:010-84027892　010-64010813
编辑电话:010-84015594
电子邮件:lxlcyp@163.com
印　　刷:北京地质印刷厂
经　　销:新华书店
规　　格:880×1230　1/32
印　　张:9.75
字　　数:250 千字
印　　数:1-7000 册
版　　次:2008 年 1 月北京第 1 版
印　　次:2008 年 1 月北京第 1 次印刷
定　　价:25.00 元